Klaus-Werner Peters Daniel Attia Ingrid Weißbach

LEBEN, WOHNEN & GENIESSEN
Nördliches Tessin

ABITARE, VIVERE & APPREZZARE
Ticino Sopraceneri

GRANDIOSE LANDSCHAFT, MONDÄNE ARCHITEKTUR: TYPISCH FÜRS TESSIN.
PANORAMA GRANDIOSO E ARCHITETTURA MODERNA: PECULIARITÀ DEL CANTON TICINO.

INHALT *SOMMARIO*

Karte *Cartina*	8
Die Sonnenstube der Schweiz *Il salotto soleggiato della Svizzera*	12
Luxus mit Seeblick im Tessin *Lusso con vista sul lago in Ticino* **WETAG CONSULTING IMMOBILIARE SA**	16
Kontinuierliche Wertsteigerung *Crescita continua del valore* **WETAG CONSULTING IMMOBILIARE SA**	20
Der erste Eindruck zählt *La prima impressione è quella che conta* **SUPERIOR HOMESTAGING**	22
Grenzenloses Vergnügen *Divertimento senza limiti* **CANTIERE NAUTICO BRUSA**	32
Fugenlos und innovativ *Niente giunti. Innovativo.* **FRANCESCO PASINELLI SA**	36
Kompetenz seit über 100 Jahren *Competenza da oltre 100 anni* **BRUSA F.LLI SA**	38
Diskreter Geheimtipp in Ronca s/Ascona *Soffiata per intenditori a Ronco s/Ascona* **BOUTIQUE-HOTEL LA ROCCA****	40
Junges Team, frische Ideen *Team giovane, idee fresche* **BAZIALLI + ASSOCIATI SAGL STUDIO DI ARCHITETTURA**	44
Rundum-Wohlfühl-Service *Servizio completo per il vostro benessere* **FERIEN- & HAUSMANAGEMENT KNUTTI**	48
Zwei Generationen Architektur *Due generazioni di architetti* **RH HOFER ARCHITETTURA SAGL**	50
Kamine als Kunstwerk *Camini, opere d'arte* **HEGGLIN & CO. SA**	52
Merlot, Nostrano und Nocino *Merlot, Nostrano e Nocino*	56
Tradition trifft Moderne *Tradizione e modernità* **ASCO-FER SA**	60
Über 90 Jahre Leidenschaft *Una passione da oltre 90 anni* **AUTO CHIESA SA – CHIESA BUS SA**	62
Ein Garten mit Lotoseffekt *Un giardino dall'effetto loto* **CAROL GIARDINI SA GARTENGESTALTUNG UND UNTERHALT**	66
50 Jahre Gartenkompetenz *50 anni di competenza nel giardinaggio* **HACKER GIARDINI & GARDEN CENTER**	70
MAX SCHMIDT – Ein Pionier der exotischen Bepflanzung *MAX SCHMIDT – Il pioniere delle piante esotiche*	74
Wellness für zu Hause *Wellness a casa* **ACQUALIFE RELAX & WELLNESS D'ANGELO SA**	76
Meer mit Seesicht *Un mare con vista sul lago* **AQUA SPA RESORTS SA TERME & SPA TERMALI SALINI & SPA**	80

LEBEN, WOHNEN & GENIESSEN | ABITARE, VIVERE & APPREZZARE

DIE TRADITIONELLE BAUWEISE IST IMMER NOCH ALLGEGENWÄRTIG – HIER IM VERZASCATAL
L'ARCHITETTURA TRADIZIONALE È ANCORA PRESENTE OVUNQUE, COME QUI IN VAL VERZASCA

Klein, aber kompetent *Piccolo ma competente* ZIN SAGL	82
Eine Frage des Wassers *Una questione d'acqua*	86
Ein Leben für zwei Räder *Una vita per le due ruote* BIKE CICLI CHIANDUSSI	90
Kraftplatz – Ruhe-Oase *Centro di forza. Oasi di pace.* TIBETAN HEALTH CENTER	92
Erfüllte Träume in Ascona *Desideri esauditi ad Ascona* FARMACIA NUOVA	96
Schönheit und Wohlbefinden *Bellezza e benessere* BEAUTY CLUB ESTETICA	98
Kleine Grotti, grosse Ansprüche *Piccoli grotti, massimi livelli*	102
Historie trifft Individualität *Storia e individualità* HOTEL LA TURETA	106
Altes bewahren, Neues erfinden *TRADIZIONE E INNOVAZIONE* HOTEL UND RESTAURANT STELLA	110
Sprachen lernen mit Erfolg *Imparare le lingue con successo* GLOSSA SAGL	112
Quereinsteiger mit Tatendrang *Percorso atipico e tanto impegno*	116
Aussicht mit Zusatzeffekten *Panorama con effetti collaterali* GROTTO AL RITROVO	118
Individualität für die Nacht *Individualità per la notte* BOUTIQUEHOTEL ALBERGO MIRADOR	120
Ferien für jetzt oder für immer *Vacanze adesso o per sempre*	124
Lifestyle an der Piazza *Life style in piazza* PAPA JOE'S RESTAURANT HOTEL NEW ELVEZIA	128
Auf dem Hausberg von Locarno *Sul monte di Locarno* ALBERGO COLMANICCHIO	130
Individualität als Prinzip *Principio fondamentale: individualità* HOTEL COLLINETTA	134
Adressen *Indice degli indirizzi*	140
Impressum *Note legali*	144

Auf dem einfachsten Weg zu den spannendsten Adressen der Region! Neben jedem Porträt finden Sie einen QR-Code. Beim Einscannen dieses QR-Codes erstellt sich automatisch ein Eintrag in Ihrem Smartphone mit allen relevanten Daten wie Adresse, E-Mail, Internetadresse und Telefonnummer. Mittels eines Routenplaners lässt sich anhand dieser gespeicherten Daten eine Route durch die Region erstellen.

Il modo più semplice per ottenere gli indirizzi più interessanti della regione! Vicino ad ogni presentazione, troverete anche un codice QR. Eseguendo la scansione di questo codice QR, inserirete automaticamente nel vostro smartphone tutti i dati rilevanti, quali indirizzo, e-mail, sito Internet e numero di telefono. Con un programmatore di rotta e i dati salvati, potrete creare un percorso tra le strade della regione.

LEBEN, WOHNEN & GENIESSEN | ABITARE, VIVERE & APPREZZARE

KARTE CARTINA

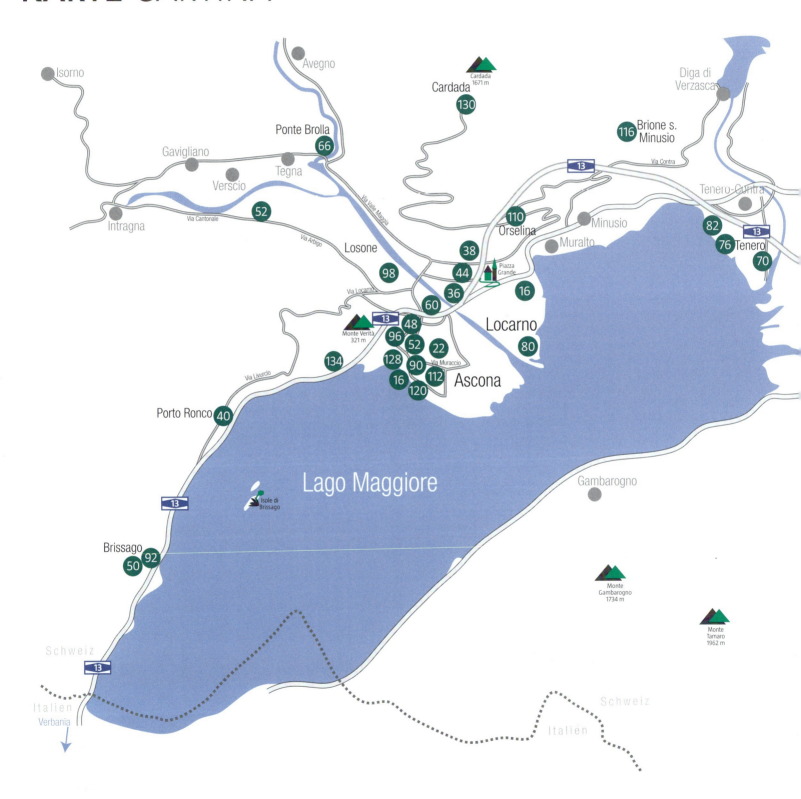

LEBEN, WOHNEN & GENIESSEN | ABITARE, VIVERE & APPREZZARE

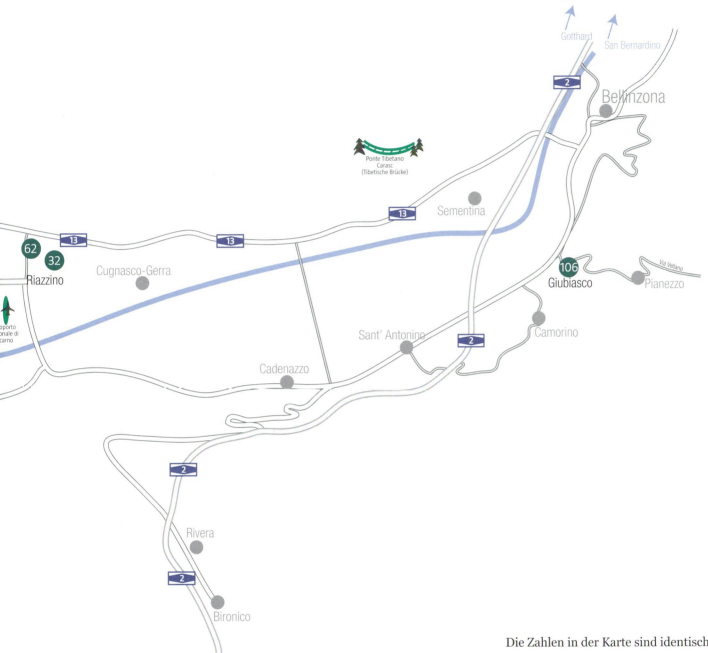

Die Zahlen in der Karte sind identisch mit den Seitenzahlen der verschiedenen Betriebe in diesem Buch und zeigen ihre Lage in der Region.

I numeri indicati sulla cartina corrispondono alla numerazione delle pagine delle aziende citate in questo libro e ne indicano la posizione nella regione.

LEBEN, WOHNEN & GENIESSEN | ABITARE, VIVERE & APPREZZARE

DER ERSTE EINDRUCK VOM TESSIN IST ÜBERWÄLTIGEND, WIE DER BLICK VOM GOTTHARD PASS HINAB IN DIE EBENE ZEIGT
LA PRIMA IMPRESSIONE DEL CANTON TICINO È SOPRAFFANTE, COME LA VISTA SULLA VALLATA DAL PASSO DEL GOTTARDO

WER ES SICH LEISTEN KANN, WOHNT MIT AUSBLICK: MONTE VERITÀ
CHI SE LO PUÒ PERMETTERE, HA UNA CASA CON VISTA: IL MONTE VERITÀ

DIE SONNENSTUBE DER SCHWEIZ
IL SALOTTO SOLEGGIATO DELLA SVIZZERA

Tessiner wissen ihren Kanton zu rühmen. Nirgendwo sonst könne man so gut essen wie hier, sagen sie einem, in keiner anderen Region der Schweiz so ausgezeichneten Wein trinken. Doch wenn sie die Vorzüge der Gegend zwischen den Bergmassiven der Alpen und der italienischen Grenze kurz zusammenfassen sollen, kommen sie immer wieder auf einen Begriff: die Sonnenstube der Eidgenossenschaft!

Mit dieser Beschreibung haben die selbstbewussten Tessiner nicht weniger als recht. Nirgendwo im Lande sind so viele sonnige Stunden zu verzeichnen, in kaum einem anderen Teil der Schweiz kann man so sicher sein, zwischen März und Oktober ein gewisses Mass an Wärme anzutreffen. Was man ebenfalls häufig trifft, sind Besucher aus der Deutschschweiz, aber auch aus Frankreich und Deutschland, aus dem arabischen Raum oder aus Asien. Das Tessin ist eine Ferien- und Freizeitdestination und verfügt über einen Ausländeranteil von fast 30 Prozent. Man kann übrigens ziemlich sicher sein, unter den gut 350.000 Tessinern auch solche zu finden, die Deutsch oder Englisch sprechen. Ein paar Brocken Italienisch schaden aber nicht, zumal die Einheimischen sich geehrt fühlen, falls jemand ihre Sprache spricht – oder sich zumindest daran versucht.

Dann geben sie, egal ob in einem der Ballungszentren oder in den vielen abseits liegenden Dörfern, auch umso lieber Auskunft über die Sehenswürdigkeiten ihres Kantons. Die Seen empfehlen sie besonders und die unzähligen kleinen Täler, die sich von der Ebene hinauf in die Berge ziehen. Die Parks nennen sie gern, nicht nur den Kame-

I ticinesi sanno decantare le lodi del proprio Cantone. In nessun altro luogo si mangia bene come qui, raccontano. In nessun'altra regione svizzera si trovano vini così squisiti. Ma se devono riassumere brevemente i vantaggi di questa regione tra il massiccio alpino e il confine italiano, ritornano a un concetto preciso: il salotto soleggiato della Federazione.

I consapevoli ticinesi non hanno per niente torto con questa definizione. Non c'è altra località svizzera in cui si registrino tante ore di sole, non c'è altra regione elvetica con la stessa garanzia climatica tra marzo e ottobre. Un'altra cosa certa sono i turisti provenienti dalla Svizzera tedesca, da Francia, Germania, Arabia e Asia. Il Ticino è una meta di vacanze e tempo libero che registra quasi il 30 percento di presenze

Ausflüge in die Seitentäler wie das Verzascatal gehören zu den Attraktionen
Tra le attrazioni della regione appartengono le gite nelle valli, come in Val Verzasca

LEBEN, WOHNEN & GENIESSEN | ABITARE, VIVERE & APPREZZARE

lienpark von Locarno, lassen auf keinen Fall die Altstädte von Ascona oder Lugano unerwähnt. Auch auf die kulturellen Errungenschaften sind sie stolz, die Tessiner. Alljährlich trifft sich die Prominenz zum Filmfestival von Locarno, die zahlreichen Museen locken Neugierige. Eines der interessantesten befindet sich am Ausgang des Gotthard-Strassentunnels, der seit dem Jahr 1980 die vom Wetter und von der Bahn unabhängige Anreise mit dem eigenen Wagen erlaubt, nachdem schon 1967 der San-Bernardino-Tunnel eröffnet worden war. In wenig mehr als zwei Stunden fährt man, wenn kein Stau herrscht, von Zürich aus nach Bellinzona. Man kann danach im Sopraceneri bleiben, der Region im Norden, oder weiter nach Süden fahren, ins sogenannte Sottoceneri. Wo es schöner ist, wo vielfältiger, wo lebenswerter, kann man immer diskutieren. Doch eines ist klar: Zur einzigartigen Lebensqualität tragen alle Teile des Tessins das Ihre bei.

Wo Osteria dransteht, wird traditionell gekocht
Quando l'insegna riporta "osteria", la cucina è tradizionale

straniere. Tra gli oltre 350.000 ticinesi si trova sempre qualcuno che parli tedesco o inglese. Un paio di frasi in italiano però non guastano, anche perché gli abitanti locali sono felici di incontrare qualcuno che parli, o per lo meno si sforzi di parlare, la loro lingua.

Se questo è il caso, sono ancora più contenti di fornire informazioni sulle attrazioni del loro Cantone, sia nelle città che nei paesini sperduti. Naturalmente consigliano vivamente i laghi e le innumerevoli piccole valli che si insinuano dalla pianura alle montagne. Non mancano di suggerire i parchi, non solo il Parco delle Camelie di Locarno, e i centri storici di Ascona e Lugano. I ticinesi vanno orgogliosi anche dei loro eventi culturali. Ogni anno si incontrano personalità di spicco al Festival del Cinema di Locarno, i numerosi musei attirano i curiosi. Uno dei più interessanti si trova all'uscita del Tunnel stradale del San Gottardo, l'accesso alla regione che dal 1980 permette il confortevole arrivo in macchina, indipendentemente dal tempo e dalla ferrovia. Prima di questo era stato aperto nel 1967 il Tunnel del San Bernardino. Se non c'è traffico, il tragitto Zurigo-Bellinzona richiede solo due ore. Arrivati, si può decidere di restare nella zona settentrionale, detta Sopraceneri, oppure proseguire più a sud nella regione di Sottoceneri. Dove sia più bello, più vario, più vivo è questione di gusto. Una cosa è certa: ogni singola zona del Ticino contribuisce all'inimitabile qualità di vita di questo angolo di mondo.

Tessiner Berglandschaften sind unverwechselbar
I panorami montani del Ticino sono inconfondibili

NICHT NUR AM UFER DES LAGO MAGGIORE IST SONNENBADEN MÖGLICH, AUCH DIE TÄLER SIND BEGEHRTE SOMMERZIELE
LA TINTARELLA NON SI PRENDE SOLO SULLE RIVE DEL LAGO MAGGIORE: ANCHE LE VALLI SOLEGGIATE SONO METE ESTIVE MOLTO AMATE

LUXUS MIT SEEBLICK IM TESSIN
LUSSO CON VISTA SUL LAGO IN TICINO

Es ist das Netzwerk, das am meisten zählt, sofern man nicht die Erfahrung als noch wichtiger einschätzt. Auch das richtige Händchen im Umgang mit Kunden ist unverzichtbar. Doch alle Eigenschaften gehören zu den Vorzügen von Wetag Consulting, die seit 1973 das Wissen im Verkauf von Luxusimmobilien sammelte und über Büros in Lugano, Locarno und Ascona verfügt. Vor mehr als 20 Jahren übernahm Ueli Schnorf die Firma, bald stieg Philipp Peter, ein in der ganzen Schweiz bekannter Ex-Rennfahrer, als Partner ein.

Der Marktführer im Luxussegment gab sich nie mit dem Erstbesten zufrieden, sondern wählt genau aus, ob eine Villa, ein Appartement oder ein Grundstück für die Klientel aus über 70 Nationen infrage kommt. Ab 1,5 Millionen Franken geht es los, nach oben sind kaum Grenzen gesetzt – verständlich bei einer Seesichtquote von rund 85 Prozent! Besonders wichtig: Der Verkäufer bezahlt Wetag erst, wenn der Kauf unter Dach und Fach ist, und der Käufer ist nur zur Zahlung der Kaufsumme verpflichtet.

Wetag-Team
Il team Wetag

Determinante è la rete di contatti, a meno che non si consideri prioritaria l'esperienza. Inderogabile è anche la giusta impostazione nei confronti dei clienti. Tutte queste qualità caratterizzano Wetag Consulting, azienda specializzata nella vendita di immobili di lusso sin dal 1973, con uffici a Lugano, Locarno e Ascona. L'acquisizione dell'impresa da parte di Ueli Schnorf risale a più di 20 anni fa. Poco più tardi è subentrato il partner Philipp Peter, ex pilota di automobili da corsa noto in tutta la Svizzera.

Il leader del segmento di lusso non ambisce a trovare semplicemente una possibile soluzione ma valuta con precisione se, per il caso specifico del cliente (la clientela proviene da 70 nazioni diverse), si addica una villa piuttosto che un appartamento o un terreno. Il prezzo di partenza è di 1,5 milioni di franchi e non ci sono limiti in rialzo. Chiaramente con una vista sul lago dell'85 percento! Un aspetto particolarmente rilevante è che il venditore compensa Wetag solo una volta conclusa ufficialmente la trattativa e il compratore è tenuto soltanto al pagamento del prezzo d'acquisto.

Wetag Showroom in Lugano
Lo show room Wetag di Lugano

Bis es so weit ist, kommen Fachwissen und Technik zum Einsatz. Nach der realistischen Schätzung des Wertes durch erfahrene Sachverständige werden hochwertige 4k-Videos, professionelle Fotos sowie einfühlsame Texte in drei Sprachen im Haus produziert. Auf diese Weise stellt Wetag Consulting jede Liegenschaft eindrücklich mit allen Stärken dar – nicht per Zeitungsannonce, sondern als laufend variierter Mix aus prämierten Präsentationen auf zehn internationalen Luxusimmobilien-Webseiten sowie auf den affinsten Social-Media-Kanälen. Dank der Kooperation mit Christie's Real Estate, Luxury Portfolio, EREN – European Real Estate Network sowie Leading Real Estate Companies of the World ist eine extrem hohe internationale Sichtbarkeit gewährleistet.

Fino a quel momento, restano in gioco le conoscenze e le tecniche settoriali specifiche. Dopo una stima realistica del valore a cura di periti di comprovata esperienza, vengono realizzati in house pregiati video 4k, foto professionali e testi d'effetto in tre lingue. In questo modo, Wetag Consulting è in grado di presentare con efficacia i punti di forza di ogni proprietà immobiliare - ma senza pubblicare inserzioni sui quotidiani, bensì con un continuo mix di presentazioni premium in dieci siti internazionali dedicati agli immobili di lusso e sui canali social media più affini. La cooperazione con Christie's Real Estate, Luxury Portfolio, EREN - European Real Estate Network e Leading Real Estate Companies of the Word garantisce una visibilità di alto livello su scala internazionale.

KONTINUIERLICHE WERTSTEIGERUNG
CRESCITA CONTINUA DEL VALORE

Im Tessin Urlaubstage zu verbringen, ist ein Traum. Dort wohnen, für immer oder für ein paar der schönsten Monate, wollen viele. Doch ganz so einfach ist der Umzug dann auch nicht zu bewerkstelligen. Die gesetzlichen Bestimmungen sind streng, denn wer aus dem Ausland kommt und eine Immobilie erwirbt, die mehr als 200 Quadratmeter gross ist, muss hier seinen Hauptwohnsitz nehmen. Auch darüber hinaus sind genaue Kenntnisse des Marktes gefragt. Man muss sich auskennen in der Branche, um die verborgenen Schwächen mancher Objekte zu identifizieren. Ohne die Hilfe von Profis ist da nicht viel zu machen. Doch wer sich die richtige Unterstützung gesichert hat, wird an der einmal erworbenen Immobilie seine pure Freude haben. Schliesslich ist der Markt für seine Stabilität bekannt, hat sich kontinuierlich entwickelt, musste nie mit Blasen zurechtkommen und dürfte sich hinsichtlich der Wertsteigerung auch in Zukunft erfreulich entwickeln. Und eines ist klar: Es gibt nicht viele Gegenden Europas, die ein so sicheres Umfeld mit einem derart angenehmen Klima verbinden!

Trascorrere le vacanze in Ticino è un sogno. Molti desiderano abitarci, per sempre o per un paio di mesi all'anno nella stagione più bella. Ma trasferire un domicilio non è cosa semplice. Le disposizioni di legge sono severe: chi è straniero e acquista un immobile superiore ai 200 metri quadrati è tenuto a registrarvi il proprio domicilio principale. Senza conoscenze specifiche del mercato, l'acquisto può rivelarsi un rischio. Per poter identificare i punti deboli nascosti di alcune proprietà, bisogna conoscere bene il settore. Difficile destreggiarsi senza l'aiuto di professionisti. Ma chi opta per il supporto giusto, si godrà appieno la proprietà acquistata. Del resto il mercato è noto per la sua stabilità e ha registrato una crescita continua. Non ha mai avuto a che fare con bolle immobiliari e guarda anche in futuro a un costante aumento del valore delle proprietà. Una cosa è certa: non esistono molte regioni europee in grado di offrire un clima di mercato tanto sicuro quanto gradevole è quello meteorologico!

WETAG CONSULTING
IMMOBILIARE SA
Via della Pace 1a
CH-6600 Locarno
Tel. 0041(0)91/6 01 04 40

info@wetag.ch
www.wetag.ch
www.journal.wetag.ch

WETAG LUGANO
Riva Antonio Caccia 3
CH-6900 Lugano
Tel. 0041(0)91/6 01 04 50

WETAG ASCONA
Via B. Berno 10
CH-6612 Ascona
Tel. 0041(0)91/7 91 29 20

LEBEN, WOHNEN & GENIESSEN | ABITARE, VIVERE & APPREZZARE

DER ERSTE EINDRUCK ZÄHLT
LA PRIMA IMPRESSIONE È QUELLA CHE CONTA

Die besondere Begabung muss bei Simona Palermo wohl in den Genen stecken. Schon mit zehn Jahren begann sie, ihre ersten Entwürfe zu kreieren, nähte mit Stoffresten Kissen, Decken und Vorhänge, um ihrem Kinderzimmer frischen Wind zu geben. Monatlich rückte sie Möbel von rechts nach links, fand immer wieder interessante Positionen. Dieses Engagement und die Freude hat sie bis heute beibehalten und, mehr noch, ausgebaut. Nach und nach sammelte sie Erfahrung im Design, tauchte in die verschiedensten Kulturen ein. Indien, Marokko und Paris, aber auch Hongkong oder New York wurden für sie zu Inspirationsquellen. Schliesslich entwickelte sie sich zur Expertin für das sogenannte Home Staging, eine Tätigkeit, die sich erst allmählich in der Schweiz etabliert.

Im Gespräch mit Simona Palermo von „Superior Home Staging", der Fachfrau für Interieur Design und Home Staging.

Probabilmente Simona Palermo ha questa dote particolare nel DNA. Ha cominciato a soli dieci anni a realizzare le sue prime creazioni, cucendo con i resti di stoffa cuscini, coperte e tende per conferire un'aria nuova alla sua cameretta. Ogni mese spostava i mobili da sinistra a destra, trovando sempre nuove posizioni interessanti. Questo impegno e la passione le sono rimasti fino ad oggi, rafforzandosi. Con il tempo ha maturato esperienze nel design, immergendosi nelle culture più diverse. India, Marocco e Parigi ma anche Hong Kong o New York sono divenute le sue fonti di ispirazione. E infine è cresciuta, diventando un'esperta del cosiddetto Home Staging, un'attività che nel frattempo sta prendendo piede anche in Svizzera.

A tu per tu con Simona Palermo, la specialista di Interior Design e Home Staging di "Superior Home Staging"

Frau Palermo, was genau ist eigentlich Home Staging?

Home Staging ist die perfekte Präsentation einer Immobilie für schnelle und erfolgreiche Vermarktung. Der Begriff stammt aus Amerika, und es steckt sehr viel mehr dahinter als nur das Einrichten einer Immobilie! Wir erstellen anhand unserer Marktanalyse ein Gesamtkonzept, welches beim Interessenten Emotionen weckt und schneller zum positiven Kaufentscheid führt.

Klingt einfach, aber wie genau setzen Sie das um?

Es ist eine der schwierigsten Aufgaben, aus der theoretischen Analyse den perfekten Lifestyle zu schaffen. Mit schönen Materialien, eleganten Möbeln, harmonischer Beleuchtung und unserem Design Team schaffen wir verführerische Räume, die Häuser und Appartements luxuriös und begehrenswert machen. Wir unterstreichen mit dem Homestaging die Schönheit und die Wertigkeit der Immobilie. Darüber hinaus gilt es, dem Käufer eine Hilfestellung zu geben in der Vorstellungskraft der eigenen Gestaltung. Einfach gesagt: Der Interessent wird zum Käufer.

Wer sind Ihre Kunden?

Zu meinen Kunden zählen die renommiertesten Immobilienmakler, private Immobilienbesitzer, Investoren und Bauunternehmen.

Signora Palermo, cos'è esattamente l'Home Staging?

Home Staging significa presentare alla perfezione una proprietà immobiliare per favorirne la vendita in modo rapido e proficuo. Il nome arriva dall'America e sta a indicare molto più che il semplice arredamento di una proprietà! Sulla base di analisi di mercato, creiamo infatti un concetto completo che risvegli nei potenziali compratori emozioni che li spingano a optare più rapidamente per l'acquisto.

Sembra semplice. Come funziona esattamente?

Creare il perfetto Life Style partendo da analisi teoriche è uno dei compiti più complessi. Con materiali di grande bellezza, mobili eleganti, sistemi di illuminazione armoniosi e il nostro team di designer, creiamo spazi affascinanti che conferiscono a case e appartamenti un carattere esclusivo, trasformandoli in oggetti del desiderio. In poche parole, facciamo dell'interessato un acquirente.

Chi sono i vostri clienti?

Tra i miei clienti ci sono le più rinomate agenzie immobiliari, proprietari privati, investitori e imprese edili.

Nachher
Dopo

Vorher
Prima

Und welche Immobilien eignen sich zum Stagen?

Alle Immobilien, es gibt nur unterschiedliche Kategorien. Die Musterwohnung in Neubau-Residenzen, leerstehende oder bewohnte Immobilien.

Wo liegen die Unterschiede bei diesen Kategorien?

Beim Neubau finden die Besichtigungen bereits im Rohbau statt, normalerweise sind Lärm und Dreck die ersten Eindrücke. Sie können sich sicher die positive Überraschung vorstellen beim Betreten der gestagten Musterwohnung. Es duftet angenehm, die Möbel sind stimmig arrangiert. Was für ein Erlebnis!
Ist hingegen eine Immobilie leer, so fühlt es sich gleich kalt und verlassen an. Hohe Erwartungen anhand von tollen Fotos werden zur Enttäuschung. Selbst die schönste Immobilie wirkt einsam und kalt.
Aber auch eine bewohnte, nicht gestagte Immobilie wirkt oft beklemmend für den Interessenten. Er dringt ungewollt in eine Privatsphäre ein. In diesem Fall ist es wichtig, das Objekt zu ent-personalisieren, also die Immobilie von persönlichen Fotos oder Gegenständen zu befreien, dem Interessenten die Möglichkeit für eigenen Raum zur Entfaltung zu geben.

E quali proprietà immobiliari si addicono all'Home Staging?

Tutte. Ne esistono però diverse categorie. Ad esempio l'appartamento modello nella zona residenziale di nuova costruzione, le proprietà vuote e quelle abitate.

E quali sono le differenze tra queste categorie?

Le visite degli edifici nuovi avvengono già durante la fase di costruzione e la prima impressione è generalmente legata a rumori e sporcizia. È facile immaginare la sorpresa di chi entra in un appartamento modello, creato secondo i principi dell'Home Staging.
Se invece la proprietà è vuota, conferisce subito una sensazione di freddezza e abbandono. Le grandi aspettative alimentate dalle belle presentazioni fotografiche si trasformano in delusione.
Ma anche una proprietà abitata, che non sia stata sottoposta all'Home Staging, risulta spesso opprimente per l'interessato che penetra, senza volerlo, nella sfera privata di altri. In questi casi è importante de-personalizzare gli ambienti, offrendo quindi al potenziale compratore la possibilità di trovare una chiave di lettura personale.

LEBEN, WOHNEN & GENIESSEN | ABITARE, VIVERE & APPREZZARE

Vorher
Prima

Nachher
Dopo

SUPERIOR HOMESTAGING
Simona Palermo

Via Schelcie 20
CH-6612 Ascona
Tel. 0041 (0) 91 / 7 91 16 81

simona@superiorhomestaging.ch
www.superiorhomestaging.ch

Was ist die meistgestellte Frage?

Warum noch Geld ausgeben, wenn man etwas verkaufen möchte! Die Antwort ist einfach, weil der erste Eindruck zählt und es keine zweite Chance gibt! Bereits in den ersten Sekunden entscheidet sich der Interessent unbewusst. Das Wichtigste im Marketing einer Immobilie ist, dass diese sich sofort hervorhebt und Interessenten überzeugt. Time is money: Je länger ein Objekt auf dem Markt ist, desto höher muss die Preisreduktion sein, um einen Verkaufserfolg zu haben. Diese ist ein Vielfaches höher als die Kosten für das Home Staging.

Hört mit dem Stagen Ihre Arbeit auf?

Ganz und gar nicht! Unsere Serviceleistungen umfassen ebenso kleine Renovationen wie auch die Fertigstellung von Rohbauten. Zusätzlich erstellen wir Interieur-Konzepte für die funktionale Design-Küche, wohlfühlende Wellness-Oasen (Baddesign), harmonische Wohnraum-Bereiche und stilvolle Terrassengestaltung. Dies ist immer sehr genau abgestimmt mit den individuellen Bedürfnissen unserer Kunden. Die Raffinessen stecken immer im Detail.

Qual è la domanda che le pongono più di frequente?

Perché spendere altri soldi quando si vuole vendere qualcosa? La risposta è semplice: perché la prima impressione è quella che conta e non esiste una seconda possibilità! Inconsciamente, l'interessato decide nei primi secondi. Fondamentale per il marketing immobiliare è che la proprietà si differenzi dalle altre e convinca gli interessati. Il tempo è denaro. Più a lungo resta in vendita un immobile, maggiore sarà la riduzione del prezzo necessaria per concludere la vendita. Il che costa molto più dell'Home Staging.

E con l'Home Staging si conclude anche la sua attività?

Niente affatto! Le nostre prestazioni contemplano anche piccole ristrutturazioni e l'approntamento di strutture edili grezze. Inoltre concetti per interni destinati a cucine dal design funzionale, confortevoli oasi wellness (design per il bagno), spazi abitativi di gradevole armonia e allestimenti di stile per terrazze. Il tutto sempre progettato nel dettaglio a seconda delle necessità individuali dei nostri clienti. La raffinatezza si cela sempre nei dettagli.

MONDÄNER HOTSPOT IM TESSIN: ASCONAS SEEPROMENADE IST VON RESTAURANTS GESÄUMT
HOTSPOT DELLA MONDANITÀ TICINESE: IL LUNGOLAGO DI ASCONA CON I SUOI NUMEROSI RISTORANTI

GRENZENLOSES VERGNÜGEN
DIVERTIMENTO SENZA LIMITI

Raffaele Brusa, den Inhaber von Cantiere Nautico Brusa, trifft man in aller Welt – mal mit dem eigenen Boot, dann wieder unterwegs mit Bahn und Flugzeug. Schliesslich gilt es, sich zu informieren über die neuesten Trends im Boots- und Yachtbau, über die besten Materialien und das, was die Mitbewerber anbieten. Ausflüge in andere Regionen, auf Messen und Ausstellungen können da nicht schaden. Daheim in Riazzino, nur wenige Kilometer vom Ufer des Lago Maggiore entfernt und verkehrsgünstig gelegen, werden die gewonnenen Erkenntnisse dann so schnell und gut wie möglich umgesetzt – natürlich in Absprache mit den Kunden. Das Gespräch mit diesen, die Verbindung des Gewünschten mit dem Möglichen und Sinnvollen, steht natürlich immer am Anfang einer Bootsplanung. Niemand kennt die besonderen Bedingungen der Tessiner Seen besser als Raffaele Brusa und sein Team, und die Zusammenarbeit mit den namhaftesten Yachtfirmen ist blendend.

Raffaele Brusa, il proprietario di Cantiere Nautico Brusa, è di casa in tutto il mondo; a volte viaggia con la sua barca, talvolta in treno o aereo. Del resto bisogna tenersi aggiornati sui trend legati alla costruzione di navi e yacht, sui materiali migliori e sull'offerta della concorrenza. Di certo non nuoce una visita nelle altre regioni, alle fiere ed esposizioni. Nella sede di Riazzino, a pochi chilometri dalle sponde del Lago Maggiore e in posizione facilmente raggiungibile, le conoscenze così accumulate si trasformano in realtà nel minor tempo e nel miglior modo possibile, naturalmente previo colloquio con i clienti. Un colloquio che concili i loro desideri con fattibilità e praticità è naturalmente sempre l'inizio di ogni progettazione. Nessuno meglio di Raffaele Brusa e del suo team conosce le condizioni dei laghi ticinesi. La loro collaborazione con i più rinomati costruttori di yacht è eccellente.

LEBEN, WOHNEN & GENIESSEN | ABITARE, VIVERE & APPREZZARE

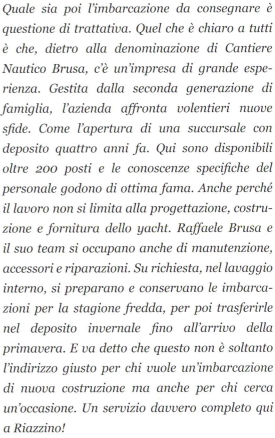

Welche Art von Boot geliefert wird, ist Verhandlungssache, doch dass hinter der Cantiere Nautico Brusa ein Unternehmen mit Erfahrung steckt, ist allen klar. In zweiter Generation ist die Firma ein Familienbetrieb, der sich gleichwohl neuen Herausforderungen nicht verschliesst. Vor vier Jahren eröffnete er eine neue Dependance mit Platz. Mehr als 200 Lagerplätze sind verfügbar, die Fachkenntnisse aller Beteiligten gelten als enorm. Mit Planung, Bau und der Auslieferung der Yacht ist die Sache freilich längst nicht getan. Raffaele Brusa und sein Team kümmern sich auch um Unterhalt, Zubehör und Reparatur der Boote. Auf Wunsch werden diese im eigenen Waschraum hergerichtet oder für die kalte Jahreszeit konserviert und im Winterlager bis zum nächsten Frühjahr platziert. Und sollte jemand kein neues Boot bauen lassen wollen, sondern an einer Occasion interessiert sein, ist er hier ebenfalls an der richtigen Adresse. Das Rundumprogramm aus Riazzino!

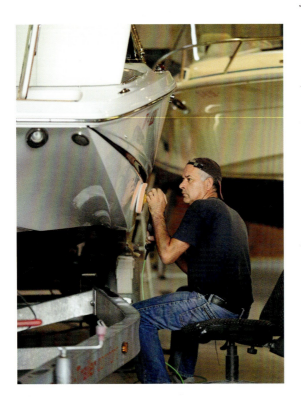

CANTIERE NAUTICO BRUSA

Via al Pizzante 11
CH-6595 Riazzino-Locarno
Tel. 0041(0)91 / 7 92 19 46

info@nauticabrusa.ch
www.nauticabrusa.ch

Quale sia poi l'imbarcazione da consegnare è questione di trattativa. Quel che è chiaro a tutti è che, dietro alla denominazione di Cantiere Nautico Brusa, c'è un'impresa di grande esperienza. Gestita dalla seconda generazione di famiglia, l'azienda affronta volentieri nuove sfide. Come l'apertura di una succursale con deposito quattro anni fa. Qui sono disponibili oltre 200 posti e le conoscenze specifiche del personale godono di ottima fama. Anche perché il lavoro non si limita alla progettazione, costruzione e fornitura dello yacht. Raffaele Brusa e il suo team si occupano anche di manutenzione, accessori e riparazioni. Su richiesta, nel lavaggio interno, si preparano e conservano le imbarcazioni per la stagione fredda, per poi trasferirle nel deposito invernale fino all'arrivo della primavera. E va detto che questo non è soltanto l'indirizzo giusto per chi vuole un'imbarcazione di nuova costruzione ma anche per chi cerca un'occasione. Un servizio davvero completo qui a Riazzino!

FUGENLOS UND INNOVATIV
NIENTE GIUNTI. INNOVATIVO.

Von aussen sieht man dem Gebäude nicht an, was in ihm steckt. Doch wer einmal Eintritt gefunden hat, gar ins Untergeschoss vorgedrungen ist, wundert sich. Eine Show der Superlative erwartet ihn. Eine Ausstellung, wie es sie im Tessin kein zweites Mal gibt.

Der Showroom macht es möglich, die aktuellsten Techniken und Produkte zu besichtigen und anzufassen: von Stucco Veneziano bis zu digitalen Tapeten und Produkten auf Kalk- und Tonbasis. Techniken wie Fassadensanierung, Risswiederherstellung oder Schimmelbehebung sowie das Lösen von Feuchtigkeitsproblemen beherrschen Inhaber Marco Pasinelli und sein Team. Auf fugenlose Beschichtungen mit den aktuellsten monolithischen Materialien auf Zement- oder synthetischer Basis haben sie sich spezialisiert. Weil Reden weniger bringt als Zeigen, hat der Chef sogar eine Bar einbauen lassen und nutzt den schönen Showroom weit und breit für exklusive Abendveranstaltungen.

L'esterno dell'edificio non svela cosa vi si nasconda all'interno. Ma una volta imboccato l'ingresso e raggiunto il piano inferiore, si resta a bocca aperta. Uno spettacolo eccelso. Un'esposizione senza pari in tutto il Ticino.

Lo show room permette di osservare e toccare con mano le tecniche e i prodotti più innovativi: dallo stucco veneziano alle tappezzerie digitali, fino ad arrivare ai supporti in calce e argilla. Il know-how di Marco Pasinelli e del suo team annovera tecniche di risanamento delle facciate, di ripristino delle crepe, di eliminazione delle muffe e di risoluzione dei problemi di umidità. La loro specialità sono i rivestimenti privi di giunti con i più attuali materiali monolitici a base di cemento o prodotti sintetici. E visto che i fatti dicono più delle parole, il proprietario ha fatto anche costruire un bar e utilizza spesso lo show room come cornice di serate esclusive.

FRANCESCO PASINELLI SA

Via Varenna 94
CH-6604 Locarno
Tel. 0041 (0) 91 / 751 77 55

info@pasinelli.ch
www.pasinelli.ch

LEBEN, WOHNEN & GENIESSEN | ABITARE, VIVERE & APPREZZARE

KOMPETENZ SEIT ÜBER 100 JAHREN
COMPETENZA DA OLTRE 100 ANNI

BRUSA F.LLI SA

Via Vallemaggia 21
CH-6600 Locarno
Tel. 0041 (0) 91 / 7 51 47 82

info@brusapiastrelle.ch
www.brusapiastrelle.ch

Fliesen zu verlegen, ist eine Frage des Könnens und der Erfahrung. An beidem mangelt es dem Familienunternehmen in Locarno nicht, schliesslich hat es bereits im Jahr 1908 begonnen, in diesem Handwerksbereich Fuss zu fassen. Der Ururgrossvater war es, der sich als ideenreicher Gründer auszeichnete. Nahtlos führen Lella Brusa und ihr Sohn Marco das Unternehmen, sorgen mit ihren 20 Mitarbeitern immer wieder aufs Neue für Innovation. Ihren Kunden bietet die Firma Brusa heute nicht nur die Verlegung von Fliesen, sondern auch jene von Mosaiken, Natur- und Kunststeinen. Doch bevor es an selbige geht, steht erst die Beratung an. Soll es traditionell sein oder innovativ? Sollen Designer hinzugezogen werden, und welche Materialien eignen sich? Der Ausstellungsraum in Locarno lässt die verblüffende Fülle deutlich werden und ist Anlaufpunkt auch für alle, die sich für eines der ältesten Handwerke der Welt interessieren. Hoffentlich auch noch in 100 Jahren!

Posare piastrelle è questione di competenza ed esperienza. Due qualità che non mancano a questa ditta a conduzione familiare del locarnese, che ha cominciato a farsi strada in questo settore artigianale nel lontano 1908. L'ha fondata il trisnonno, un uomo dalle mille idee. E senza alcuna interruzione, oggi sono Lella Brusa e il figlio Marco a condurre l'impresa e ad offrire, insieme ai 20 dipendenti, innovazioni sempre diverse. La ditta Brusa non propone ai clienti soltanto la posa di piastrelle ma anche di mosaici, pietre naturali e artificiali. Prima di mettersi all'opera, si comincia con una consulenza. Esecuzione tradizionale o innovativa? Vanno coinvolti i designer? Quali materiali si adattano al meglio? La sala espositiva a Locarno mette in evidenza l'impressionante ricchezza dell'offerta ed è un punto di incontro per tutti coloro che si interessano alla più antica arte artigiana del mondo. Sicuramente anche nei prossimi 100 anni!

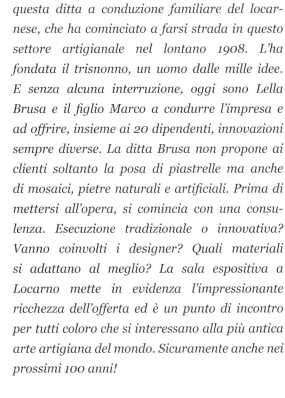

LEBEN, WOHNEN & GENIESSEN | ABITARE, VIVERE & APPREZZARE

DISKRETER GEHEIMTIPP IN RONCO S/ASCONA
SOFFIATA PER INTENDITORI A RONCO S/ASCONA

Das Viersterne-Boutique-Hotel La Rocca in Porto Ronco präsentiert sich an sonniger Hanglage mit atemberaubender Sicht über den Lago Maggiore von Ascona bis weit über die Grenze nach Italien. Am malerischen Springbrunnen vorbei betritt man den Lift in das persönlich geführte Hotel. Hier werden die Gäste sehr herzlich vom Empfangs-Team begrüsst und in eines der 19 stilvoll und individuell eingerichteten Zimmer begleitet. Im liebevoll angelegten mediterranen Garten unter Palmen sowie im Hallenbad mit Seesicht oder am hoteleigenen Badestrand am See mit Liegewiese finden sie Entspannung und Erholung. Im «Ristorante Panoramico» oder der überdachten Terrasse «Locanda» erwarten sie feine mediterrane Köstlichkeiten aus der Küche und dem reich ausgestatteten Weinkeller. Märchenhaft beginnt die Geschichte 1978, als Dorothée und Felix Krähenmann die alte Pension aus dem Dornröschenschlaf erweckten und mit viel Liebe, Leidenschaft und Fantasie in ein kleines Schmuckstück verwandelten. 1994 erhielt das Haus den vierten Stern und 2017 wurde es mit der HolidayCheck Award als eines der 50 Besten der Schweiz in seiner Kategorie ausgezeichnet.

Il Boutique Hotel La Rocca di categoria 4 stelle è situato a Porto Ronco su un pendio soleggiato con una vista mozzafiato sul Lago Maggiore, che va da Ascona fino a oltre il confine con l'Italia. Passata la pittoresca fontana a zampilli, l'ascensore conduce nell'hotel a conduzione familiare. Qui l'ospite viene accolto calorosamente dal team della reception per poi essere accompagnato in una delle 19 camere arredate con stile e personalità. Ci si può rilassare e riposare sotto le palme del giardino mediterraneo allestito con grande amore, nella piscina coperta con vista sul lago oppure sdraiarsi sul prato della spiaggia privata in riva al lago. Nel «Ristorante Panoramico» o sulla terrazza coperta «Locanda» si possono gustare le raffinate prelibatezze mediterranee proposte dalla cucina e accompagnarle con uno dei molti vini pregiati che si trovano nella cantina.

Marcel Krähenmann, Sohn des Hauses und seit 2013 in zweiter Generation Gastgeber, erklärt: „Ich fühle mich der elterlichen Tradition verpflichtet." Er absolvierte die Hotelfachschule sowie ein Nachdiplom-Studium und ist bereits eifrig am Pläneschmieden. Doch davon verraten er und das Team des jungen Tessiner Architekten Igor Bazialli nur so viel: „Die Übergänge werden fliessend sein, ganz neue Zimmer, ein neues und zeitgemässes Konzept, jedoch der Stil und die Wärme des Hauses sollen erhalten bleiben." Der 34-jährige engagiert sich mit viel Leidenschaft nicht nur im Hotel, sondern auch im Gemeinderat von Ronco, im Hotelier Verein Ascona-Locarno und im Hotelier Verein in Bern für Arbeitsrecht, Weiterbildung und in weiteren Ämtern. „Nicht nur der eigene Betrieb muss gestaltet werden, sondern auch unser Umfeld ist wichtig und braucht neuen Wind", sagt er und man spürt bereits die Frische, welche er enthusiastisch aufbringt.

**BOUTIQUE-HOTEL
LA ROCCA****

Via Ronco 61
CH-6622 Ronco sopra Ascona
Tel. 0041 (0) 91 / 7 85 11 44

hotel@la-rocca.ch
www.la-rocca.ch

La storia di questo albergo inizia come in una fiaba, nel 1978, quando Dorothée e Felix Krähenmann risvegliano la vecchia pensione da un sonno incantato, trasformandola con tanto amore, passione e fantasia in un piccolo gioiello. Nel 1994 l'albergo ha ottenuto la quarta stella. Nel 2017 è stato premiato con l'HolidayCheck Award e decretato uno dei migliori 50 di tutta la Svizzera nella sua categoria.

Il figlio Marcel Krähenmann ha ripreso la gestione dal 2013 in seconda generazione e spiega: "Mi sento in dovere di proseguire la tradizione avviata dai miei genitori". Conclusa la scuola alberghiera e assolto uno studio post-diploma, sta già forgiando progetti con grande impegno. Di cui però né lui né il team del giovane architetto ticinese Igor Bazialli svelano tanto: "I passaggi saranno armoniosi, camere assolutamente nuove, un concetto nuovo e contemporaneo che mantiene però lo stile e il calore di questa casa". Il 34enne non riversa il suo impegno soltanto nell'hotel, ma anche nel consiglio comunale di Ronco, nell'associazione degli albergatori Ascona-Locarno, nell'associazione degli albergatori di Berna in ambito di diritto del lavoro e specializzazione professionale, come anche in altre funzioni. "Non dobbiamo soltanto gestire la nostra impresa. Anche l'ambiente che ci circonda è importante e ha bisogno di una ventata di nuovo" sostiene. E si intuisce subito la freschezza ed il suo entusiasmo.

LEBEN, WOHNEN & GENIESSEN | ABITARE, VIVERE & APPREZZARE

JUNGES TEAM, FRISCHE IDEEN
TEAM GIOVANE, IDEE FRESCHE

Schon auf den ersten Blick sieht man, wie jung, frisch und modern der Inhaber des Architekturbüros arbeitet. Der Chef empfängt persönlich die Kunden, alle sind ein eingespieltes Team. Igor Bazialli, Salvatore Catalano und Andrea Liccardo bilden die dynamische, in Locarno eng verbundene Kerntruppe. Alle drei haben im Tessin studiert und kennen die Region gut. Mehr noch: Sie wissen, wie man die Architektur von Häusern und Wohnungen frisch und modern interpretiert, ohne mit Klischees zu arbeiten. Kein Wunder, dass die Kunden häufig jung sind, sich inspirieren lassen. „Wir geben stets jungen Menschen die Möglichkeit, hier eine Lehre zu machen", sagt Igor Bazialli. Lernen können sie viel, vom Projekt bis zur Baustelle und schliesslich zum fertigen Gebäude. Wir arbeiten oft und bereitwillig mit Handwerkerfirmen, die jung und dynamisch sind.

Si nota subito al primo sguardo lo stile giovane, fresco e moderno che caratterizza il lavoro dello studio di architettura. Il titolare riceve personalmente i clienti, tutti formano un team affiatato. Igor Bazialli, Salvatore Catalano e Andrea Liccardo sono il cuore di questo gruppo dinamico e fortemente legato a Locarno. Tutti e tre hanno studiato nel Canton Ticino e conoscono bene la regione. Ma c'è di più: sanno interpretare con freschezza e modernità l'architettura delle abitazioni senza utilizzare cliché. Non sorprende che la clientela sia spesso giovane ed entusiasta di queste ispirazioni. "Diamo sempre ai più giovani la possibilità di una formazione professionale", dice Igor Bazialli. Qui possono imparare molte cose, dalla progettazione al lavoro in cantiere, fino all'edificio finito. "Spesso lavoriamo anche volentieri con ditte artigianali giovani e dinamiche".

BAZIALLI + ASSOCIATI SAGL
STUDIO DI ARCHITETTURA

Via A. Franzoni 37
CH-6600 Locarno
Tel. 0041 (0) 91 / 743 72 51

info@bazialli.ch
www.bazialli.ch

DER KONTRAST ZWISCHEN SEEN UND BERGEN MACHT DEN REIZ DES TESSINS AUS – HIER AM LAGO MAGGIORE
IL CONTRASTO TRA LAGHI E MONTAGNE CREA IL FASCINO DEL TICINO - QUI IL LAGO MAGGIORE

RUNDUM-WOHLFÜHL-SERVICE
AL SERVIZIO DEL VOSTRO BENESSERE

*F*rigorifero già pieno mentre siete ancora in viaggio? Piante innaffiate, gatto sfamato? Un sogno per chiunque possieda una casa o un appartamento di villeggiatura. Ma fortunatamente il sogno non è destinato a restare un'utopia, perché Irene e Stephan Knutti si assumono il ruolo dei folletti domestici. I due ticinesi d'adozione spiegano: "Siete voi a dirci di cosa avete bisogno e noi eseguiamo". Si potrebbe parlare di un servizio completo per il vostro benessere, che comprende anche letti rifatti, cura del giardino e disbrigo della noiosa corrispondenza con gli enti pubblici. Su richiesta è disponibile anche il servizio shuttle alla stazione o è possibile concordare interventi di manutenzione come la tinteggiatura delle pareti e la posa della moquette. Ma anche chi non è ancora proprietario di un appartamento può rivolgersi ai Knutti. L'impresa condotta personalmente dai proprietari si è specializzata anche in mediazioni, perizie e locazioni di appartamenti, case e rustici.

*D*er Kühlschrank bereits gefüllt, während man noch auf der Anreise ist? Die Pflanzen gegossen, die Katze wohlgenährt? Ein Traum für alle, die ein Ferienhaus oder eine -wohnung ihr Eigen nennen. Zum Glück muss der Traum keine Utopie bleiben, denn Irene und Stephan Knutti übernehmen die Rolle der Heinzelmännchen. „Sie sagen uns, was Sie brauchen", erklären die beiden Wahl-Tessiner, „und wir setzen es um." Einen Rundum-Wohlfühl-Service könnte man dies nennen, der auch den Neubezug der Betten, die Gartenpflege und den lästigen Schriftkram mit Behörden umfassen kann. Sogar die Abholung vom Bahnhof wird auf Wunsch organisiert, und Renovierungen wie das Streichen der Wände oder das Verlegen von Teppichen kann man vereinbaren. Sollte jemand aber noch gar keine Wohnung besitzen, darf er ebenfalls bei Knuttis nachfragen. Auf Vermietung, Schätzung und Vermittlung von Wohnungen, Häusern oder Rustici hat sich das persönlich geführte Unternehmen ebenfalls spezialisiert.

FERIEN- & HAUS-
MANAGEMENT KNUTTI

Via Borgo 10
CH-6612 Ascona
Tel. 0041 (0) 79 / 4 40 99 54
und 0041 (0) 79 / 2 31 75 90

stephan.knutti@bluewin.ch
www.hausmanagement.ch
www.ferien-immobilien-tessin.ch

ZWEI GENERATIONEN ARCHITEKTUR
DUE GENERAZIONI DI ARCHITETTI

Inspirationen bietet Brissago mehr als genug. In der schmucken Gemeinde im Ticino, unmittelbar vor der Grenze nach Italien, pflegt man mediterranen Lebensstil, geniesst den Blick auf den Lago Maggiore. Kein Wunder, dass Roland Hofers Vater aus der Deutschschweiz in den Süden zog, Italienisch lernte und seine Arbeit als Architekt fortsetzte. Der Sohn übernahm und schätzt den südländischen Stil, wie er bei Neubauten gefragt ist. Warme Farben, Rundbögen, dezente Eleganz: unverwechselbar Tessin! Ausser mit Neubauprojekten befasst sich das persönlich geführte Unternehmen auch mit Renovierungen, Umbauten und Verschönerungen. Die Firma rh hofer architettura sagl geht stets auf Wünsche ein, skizziert Pläne, erstellt auch ausgefallene Objekte – sogar in Graubünden. Und sollte jemand nicht bauen, sondern ein Haus, eine Wohnung erwerben wollen, ist er hier an der richtigen Adresse: Immobilienvermittlung gehört ebenfalls zur Kompetenz Roland Hofers.

Brissago offre ispirazioni più che a sufficienza. Nel pittoresco comune ticinese, direttamente al confine con l'Italia, si vive lo stile mediterraneo, godendo della vista sul Lago Maggiore. Non sorprende che il padre di Roland Hofer, originario della Svizzera tedesca, abbia deciso di trasferirsi qui, imparare l'italiano e proseguire la sua attività di architetto in questo luogo. Il figlio è subentrato nell'attività e anche lui apprezza lo stile mediterraneo richiesto per le nuove costruzioni. Colori caldi, arcate, eleganza sobria: ecco l'inconfondibile Canton Ticino! Oltre alla progettazione di nuove costruzioni, lo studio diretto personalmente dal proprietario si occupa anche di ristrutturazioni, ampliamenti edili e abbellimenti. La ditta rh hofer architettura sagl è sempre aperta ai desideri dei clienti, progetta e crea anche strutture inconsuete - persino nei Grigioni. Non volete costruire casa e preferite acquistare un appartamento? Anche in questo caso bussate alla porta giusta, perché la mediazione di proprietà immobiliari è una delle competenze di Roland Hofer.

RH HOFER
ARCHITETTURA SAGL

Via R. Leoncavallo 12
CH-6614 Brissago
Tel. 0041 (0) 91 / 793 00 13

rh@hoferarchitettura.ch
www.hoferarchitettura.ch

LEBEN, WOHNEN & GENIESSEN | ABITARE, VIVERE & APPREZZARE

KAMINE ALS KUNSTWERK
CAMINI, OPERE D'ARTE

HEGGLIN & CO. SA
Via Zandone 11
CH-6616 Losone
Tel. 0041 (0) 91 / 791 28 30

hegglin.co@bluewin.ch
www.camini.ch

Viale Monte Verità 23
CH-6612 Ascona
Tel. 0041 (0) 91 / 210 22 01

RÖTHLISBERGER CAMINI SAGL.
Via Zandone 11
CH-6616 Losone
Tel. 0041 (0) 91 / 751 45 40

info@camini.ch
www.camini.ch

Als diplomierten Kaminfeger kann man sich Werner Röthlisberger nicht automatisch vorstellen, schliesslich trägt der Inhaber der Firmen Hegglin und Röthlisberger nicht ständig die traditionelle schwarze Kluft samt Hut und Accessoires. Die Kamine zu reinigen, ist eben nur ein Teil seiner Tätigkeit – wie der Kunde unschwer erkennt, schaut er im Ausstellungsraum in der Via Zandone in Losone vorbei. Dutzende von Kaminen sind hier ausgestellt, schlichte Exemplare und spektakulär anmutende Einzelanfertigungen. Aussen- und Innenkamine, kleine Stücke für eine behagliche Wohnung, mächtige Spezialitäten für die Villa am See. Werner Röthlisberger, erfahrener Ofenbauer, geht stets auf die Wünsche des Kunden ein, baut und kontrolliert, passt die Kamine beim Kunden ein und ist immer zur Stelle, wenn das gute Stück mal gewartet werden muss. Gut möglich, dass man den Chef dann auch mal in der typischen Kluft der Kaminkehrer sieht!

*N*on è facile immaginarsi subito Werner Röthlisberger come spazzacamino diplomato, anche perché il titolare delle ditte Hegglin e Röthlisberger non porta continuamente la tradizionale tenuta nera con cappello e accessori. Del resto la pulizia di camini è solo una parte della sua attività. Lo si capisce subito vedendo lo show room in via Zandone a Losone.
Un'esposizione con decine di stufe, dai modelli più semplici ai pezzi unici di spettacolare bellezza. Modelli piccoli per appartamenti ed esemplari possenti per le ville sul lago. Werner Röthlisberger, esperto costruttore di pigne, ascolta sempre i desideri dei clienti, costruisce, controlla, adatta gli oggetti sul posto ed è sempre raggiungibile quando è ora della manutenzione. Possibile che sia poi il titolare in persona ad indossare la tipica tenuta da spazzacamino.

LEBEN, WOHNEN & GENIESSEN | ABITARE, VIVERE & APPREZZARE

WAS WÄRE DAS TESSIN OHNE SEINE SEEN – IM SOMMER WERDEN SIE ZUM TREFFPUNKT DER BADENDEN
COSA SAREBBE IL CANTON TICINO SENZA I SUOI LAGHI? IN ESTATE SONO IL PUNTO D'INCONTRO DEI BAGNANTI

ROTWEIN IST HIER NUMMER EINS
QUI IL VINO ROSSO È IL NUMERO UNO

MERLOT, NOSTRANO UND NOCINO
MERLOT, NOSTRANO E NOCINO

Wo immer es die Platzverhältnisse zulassen, wachsen Reben
Le viti crescono ovunque ci sia posto

Man merkt es vielleicht noch nicht nach Durchqueren des Gotthardtunnels, aber spätestens bei der Ankunft in Bellinzona, dass sich im Tessin vieles um den Wein dreht. Oft ist jeder verfügbare Hang, der nicht mit Wohnungen bebaut wurde oder sich für den Anbau von Trauben als ungeeignet erwiesen hat, mit Reben bestockt. Die Weinkellereien des Landes spielen eine grosse Rolle in der öffentlichen Wahrnehmung, tragen in erheblichem Masse zum Erfolg der Tessiner Wirtschaft bei.

Für den Urlauber oder Residenten allerdings ist die Qualität der Weine wichtiger als die Umsätze, die mit ihnen zu erreichen sind. In dieser Hinsicht freilich müssen sich die einheimischen Winzer, vom kleinen Freizeitproduzenten bis zur grossen Traditionskellerei, nicht verstecken vor der Konkurrenz im Rest der Schweiz. Sie alle widmen sich ganz besonders der einen roten Rebsorte, die seit mehr als 100 Jahren Ruhm geniesst im Tessin. Als einst die Reblaus und andere eingeschleppte Schädlinge dem Weinbau zusetzten, wurde nämlich Ersatz gesucht. Viele der ursprünglichen Sorten verschwanden, der Merlot setzte sich als Nummer eins des Landes durch, ergibt heute dichte, würzige Rotweine, die trotzdem eine angenehme Säure besitzen. Während es den roten Merlot auch anderswo gibt, ist der im Tessin weit verbreitet weissgekelterte Merlot eine echte Spezialität. Die Trauben werden in diesen Fällen gepresst, bevor der in den Häuten der Beeren eingelagerte Farbstoff für Röte sorgen kann. Bianco del Merlot gilt folglich als ultimativer Sommerwein, besitzt vergleichsweise wenig Alkohol und attraktive Frische. Passt

***F**orse, percorrendo il Tunnel del San Gottardo, non lo si nota ancora ma, al più tardi all'arrivo a Bellinzona, si intuisce subito che in Ticino il vino riveste un'importanza particolare. Ogni pendio che non sia occupato da abitazioni o non sia inadatto alla viticoltura, è carico di viti. Le cantine del paese svolgono un ruolo importante nell'identificazione locale e contribuiscono in modo decisivo al successo economico del Ticino.*

Per i villeggianti e i viaggiatori è la qualità dei vini che conta, non il loro potenziale di fatturato. Da questo punto di vista, i viticoltori locali, dai piccoli produttori alle grandi cantine di lunga tradizione, sono sicuramente in grado di tener testa alla concorrenza del resto della Svizzera. Tutti si occupano prevalentemente di un vitigno rosso che in Ticino gode di ottima fama da più di 100 anni. Dopo che la fillossera e altri parassiti d'importazione avevano messo in ginocchio la

Imposantes Barriquefasslager der Weinkellerei Delea Losone
L'imponente magazzino di barrique della cantina Delea Losone

Ohne Terrassen geht es manchmal nicht: Weinberge sind im Tessin oft steil
Senza terrazzamenti sarebbe impossibile: le vigne ticinesi sono spesso ripide

zu den Fischgerichten und zu mediterranen Köstlichkeiten der Tessiner Küche, während man zum roten Merlot, mit oder ohne Ausbau im kleinen Holzfass, kraftvolle Fleischgerichte oder Pasta auftischen sollte.

Rein auf Merlot ausgerichtet ist die Weinkultur allerdings nicht. Die vielen Deutschschweizer, die seit den Achtzigern des letzten Jahrhunderts gen Süden zogen und neue Weingüter gründeten, brachten Ideen mit. Chardonnay und andere weisse Sorten ergänzen den Merlot, und sogar der rote Nebbiolo ist wieder zu finden, der jenseits der Grenze, im Piemont, seit eh und je Ruhm geniesst, hier aber fast in Vergessenheit geriet. An die alten Zeiten erinnern auch die Nostrano-Weine, urige, herbe Rote, die vor allem von den Einheimischen getrunken werden, oder jene Getränke, die man nach dem Essen konsumiert. Neben der Grappa ist dies vor allem der Nocino, der würzige Nussliör. Er gilt eher als flüssiges Kulturgut denn als Spirituose!

viticoltura locale, si sono cercate alternative. Molte delle qualità originarie sono scomparse e il Merlot ha conquistato il primo posto nella zona, regalando oggi vini rossi corposi e intensi con una gradevole acidità. Mentre il Merlot rosso esiste anche altrove, la vera specialità del Ticino è il Merlot bianco. Per la sua produzione, l'uva viene pigiata prima che i coloranti naturali contenuti nella pelle degli acini cedano il loro tipico colore rosso. Il Bianco di Merlot è considerato il vino estivo per eccellenza grazie alla ridotta gradazione alcolica e alla sua freschezza invitante. È ideale per accompagnare piatti a base di pesce e prelibatezze mediterranee della cucina ticinese, mentre il Merlot rosso, con o senza invecchiamento in barili di legno, si sposa alla perfezione con carni dal gusto intenso o pasta.

Ma i viticoltori non si concentrano esclusivamente sul Merlot. I numerosi produttori tedeschi trasferitisi a sud sin dagli anni Ottanta per creare nuovi vigneti, hanno contribuito apportando le loro idee. Assieme al Merlot, completano la gamma di vini lo Chardonnay e altri bianchi. Si ritrova addirittura il Nebbiolo rosso che, al di là del confine, in Piemonte, gode di un'ottima fama, mentre qui rischiava di essere dimenticato. Ricordano il passato anche i Nostrano, vini rossi e austeri apprezzati soprattutto dai locali, oppure tutto quello che si gusta dopo i pasti. Oltre alle grappe, naturalmente il Nocino, l'intenso liquore di noce, da considerarsi più un elemento culturale che un semplice liquore!

WANDERUNGEN UM DIE TESSINER SEEN ERLAUBEN GRANDIOSE AUS- UND EINBLICKE
LE ESCURSIONI SUI LAGHI TICINESI REGALANO VEDUTE GRANDIOSE

TRADITION TRIFFT MODERNE
TRADIZIONE E MODERNITÀ

ASCO-FER SA

Via Delta 12
CH-6612 Ascona
Tel. 0041 (0) 91 / 7 91 24 89

info@asco-fer.ch
www.asco-fer.ch

Mehr als 60 Jahre genügen nicht nur, um alles zum Thema Metall zu lernen, was man wissen kann: Sie schaffen auch den Rahmen, um einen eigenen Stil zu entwickeln. ASCO-fer hat diesen nicht nur im traditionellen Metallbau erworben, sondern auch in dessen moderner Ausprägung.

Zu verdanken ist dies dem Zusammenspiel der Generationen. Seniorchef Francesco Vaerini baute das Unternehmen auf, heute sind Andy Vaerini und Ilija Zrakic verantwortlich. Nicht nur ihnen, auch dem ganzen Team ist bewusst, wie vielfältig die Arbeit mit dem Werkstoff Metall sein kann. Bekannte Architekten wissen diese Fähigkeiten zu schätzen, die Zahl der Stammkunden ist hoch.

Nach Mass und individueller Absprache werden schmiedeeiserne Treppen erstellt, kunstvolle Hausverkleidungen, Messinggeländer und Brüstungen, die nichts mit dem Standard gemein haben. Selbst Briefkästen der besonderen Art werden in der eigenen Werkstatt angefertigt und ausgeliefert: im gesamten Tessin.

Oltre 60 anni di esperienza non consentono solo di apprendere tutto il necessario sui metalli ma offrono anche lo spazio per sviluppare uno stile personale. ASCO-fer lo dimostra sia nelle lavorazioni tradizionali dei metalli che in quelle più moderne.

Ad averne il merito è il gioco combinato delle generazioni aziendali. Francesco Vaerini, il principale senior, ha sviluppato l'impresa di cui oggi sono ormai responsabili Andy Vaerini e Ilija Zrakic. Loro e l'intero team conoscono profondamente le molteplici possibilità che offre la lavorazione dei metalli. Anche noti architetti apprezzano la loro esperienza e il numero dei clienti abituali è ingente.

Su misura e previo colloquio individuale, si realizzano scale in ferro battuto, rivestimenti artistici per edifici o ringhiere e parapetti in ottone che non hanno nulla a che vedere con gli standard abituali. Anche le sole cassette delle lettere, realizzate nell'officina interna e consegnate in tutto il Ticino, sono testimonianza di una classe a sé.

ÜBER 90 JAHRE LEIDENSCHAFT
UNA PASSIONE DA OLTRE 90 ANNI

La storia della famiglia inizia nel 1925 quando Edoardo Chiesa, (1902-1986) originario di Loco, si trasferisce in Valle Verzasca e si occupa del trasporto di cose e persone con una rudimentale carrozza a cavalli su un sentiero finora percorribile soltanto a piedi. La strada era allora soltanto una mulattiera ed Edoardo fu il primo conducente della motorizzata Posta. Dal 1927 diventa infatti ufficialmente assuntore postale (PTT) e con i primi Saurer collega la Valle al Piano. Con i figli Plinio e Franco amplia l'azienda e si trasferisce a Minusio, dove costruisce il Garage Chiesa Edoardo e Figli occupandosi di un'auto-officina e di una stazione per il rifornimento del carburante. Durante questi anni l'attività è stata ampliata con la Respini SA di Cevio

Die Geschichte der Familie beginnt im Jahre 1925, als Edoardo Chiesa (1902-1986), gebürtig aus Loco, in das Verzascatal zog und sich dem Transport von Gegenständen und Personen mit einem rudimentären Pferdewagen auf einem Weg, der bis dahin nur zu Fuss erreichbar war, widmete. Die Strasse war seinerzeit nur ein Saumpfad und Edoardo war der erste Fahrer der motorisierten Post. Ab 1927 wird er offiziell Postautohalter (PTT) und verbindet mit dem ersten Sauer das Tal mit dem Hochplateau. Mit den Söhnen Plinio und Franco baut er das Unternehmen aus und zieht nach Minusio, wo er die Garage Chiesa Edoardo und Söhne errichtet sowie eine Autowerkstatt und eine Tankstelle betreibt. Während dieser Jahre wird das Geschäft mit der Respini SA in Cevio ausgebaut, die den Postdienst im Bavona- und im Rovanatal versieht. Edoardos Enkel Flavio und Dario widmen sich dem Autohandel und gründen die Auto Chiesa SA (1988),

LEBEN, WOHNEN & GENIESSEN | ABITARE, VIVERE & APPREZZARE

AUTO CHIESA SA
Via Cantonale 38
CH-6595 Riazzino
Tel. 0041 (0) 91 / 8 50 50 10

info@autochiesa.ch
www.autochiesa.ch

CHIESA BUS SA
Via Cantonale 38
CH-6595 Riazzino
Tel. 0041 (0) 91 / 8 50 50 14

info@chiesabus.ch
www.chiesabus.ch

Konzessionärin bedeutender Automobilmarken. Um mit der Zeit Schritt zu halten, wird die Chiesa Bus SA gegründet, die unter Einbeziehung von Emanuele, Francos Sohn, und den Cousins Flavio und Dario, die sich mit administrativen Aufgaben befassen, ihre Dienstleistungen um eine wichtige Flotte an Postfahrzeugen erweitern und die Tradition der Familie im öffentlichen Dienst und im Automobilsektor fortführen. Im Jahr 2014 wird ihr die Leitung der Linie 2 der öffentlichen Verkehrsmittel der Stadt Bellinzona übertragen. Mit der Gründung der AlpTransit steigt der Tourismus an, infolgedessen auch die Dienstleistungen im Verzascatal zunehmen. Auto Chiesa setzt ihren Kurs fort, spezialisiert sich mehr und mehr im Automobilsektor und ist Konzessionärin der Marken Citroën und Mazda. Die Familie Chiesa ist mit ihren 35 Mitarbeitern seit über 90 Jahren im Geschäft. Sie strebt nach weiterer Kontinuität und investiert in vierter Generation in Fortbildung.

che gestiva il servizio postale nella Valli Bavona e Rovana. I nipoti di Edoardo, Flavio e Dario, si dedicano al commercio dell'auto fondando l'Auto Chiesa sa (1988), concessionaria di importanti marchi automobilistici. Per restare al passo con i tempi viene istituita la Chiesa Bus SA che amplia il suo servizio con un importante flotta di veicoli postali. Con l'inserimento di Emanuele, figlio di Franco, e con i cugini Flavio e Dario che si occupano della parte amministrativa, continuano la tradizione della famiglia nel servizio pubblico e nel settore automobilistico. Nel 2014 ottiene in gestione la linea 2 del trasporto pubblico della Città di Bellinzona. Con l'avvento di AlpTransit l'affluenza di turismo è aumentata e di conseguenza il servizio in Valle Verzasca ha subito una forte impennata. L'Auto Chiesa continua il suo percorso e si specializza sempre più nell'ambito automobilistico, proponendosi quale concessionaria delle marche Citroen e Mazda. La Famiglia Chiesa, con i suoi 35 collaboratori, ha superato i 90 anni di attività ed auspica la sua continuità investendo nella quarta generazione ora in formazione.

EIN GARTEN MIT LOTOSEFFEKT
UN GIARDINO DALL'EFFETTO LOTO

"Ein Garten, das sind nicht nur Blumen, Bäume und Wiesen. Ein Garten ist eine Philosophie, ein Ort, an dem man die Seele baumeln lassen kann", sagt Peter Carol, ein erfolgreicher Gartengestalter im Locarnese. "Wenn man einen Garten anlegen will", fährt er fort, "muss man in der Kunst geübt sein, Energien und Harmonien zu erspüren."
Diese Kunst beherrscht der Gartengestalter aus dem Effeff. Seine Firma befindet sich an einem Ort brachialer Energien mit riesigen, vom Wasser der Maggia in bizarren Formen geschliffenen Felsen, umgeben von mediterraner Flora. Vielleicht gelingt es Peter Carol deshalb so gut, einer Gartenanlage in Verbindung mit Maggia-Gneis, Wasserläufen und ausgesuchten Pflanzen das typische Tessiner Flair zu geben. Doch auch die Gartenpflege besitzt für ihn und seine Mitarbeiter grosse Bedeutung.
Gründer der heute über 65-jährigen Firma war Vater Max Carol, der anfangs als Herrschaftsgärtner in Montagnola arbeitete. Oft plauderte er mit seinem Nachbarn, dem Schriftsteller Hermann Hesse, der ein leidenschaftlicher Hobbybotaniker war.

"Un giardino non è solo fiori, alberi e prati. Un giardino è una filosofia, un luogo in cui l'anima si culla, sostiene Peter Carol, un professionista di successo del Locarnese. "Volendo allestire un giardino", prosegue, "bisogna conoscere l'arte di percepire le energie e le armonie".
Un'arte che il maestro giardiniere svolge con passione. La sua ditta è situata in un luogo di grande energia, dove la forma bizzarra dei massi giganti è stata levigata dall'acqua del fiume Maggia, circondato dalla flora mediterranea. È forse per questo che Peter Carol riesce così magistralmente a conferire ad un giardino un carattere tipicamente ticinese utilizzando gneiss della Valle Maggia, giochi d'acqua e piante selezionate. Inoltre per lui ed i suoi collaboratori riveste anche grande importanza la cura dei giardini.
A fondare la ditta più di 65 anni or sono fu suo padre Max Carol, che lavorava inizialmente come giardiniere nelle ville di Montagnola e chiacchierava spesso con il vicino, lo scrittore ed appassionato botanico Hermann Hesse.

LEBEN, WOHNEN & GENIESSEN | ABITARE, VIVERE & APPREZZARE

**CAROL GIARDINI SA
GARTENGESTALTUNG
UND UNTERHALT**

Via ai Grotti 7
CH-6652 Ponte Brolla
Tel. 0041 (0) 91 / 7 96 21 25

info@carol-giardini.ch
www.carol-giardini.ch

Peter Carol, eidgenössisch diplomierter Gärtnermeister, kam 1971 in die Firma und übernahm diese 1985. Heute führt er das Geschäft mit seinem Sohn Philip, Obergärtner, Bauzeichner und Maurer mit eidgenössischen Fachausweisen. Mit ihrem professionellen Team von über 25 Mitarbeitern realisieren sie Garten-Neuanlagen und -Umänderungen und führen fachmännische Gartenpflege aus.

Gerne gestalten sie auch Gärten mit Lotospflanzen, denn diese verleihen dem Garten ein exotisches Flair. „Die Lotospflanze ist wie keine andere Wasserpflanze im Garten beliebt und beindruckt mit ihren wunderbaren Blüten und den faszinierenden Blättern mit dem berühmten Lotoseffekt."

Weil Wasser und der Schmutz dem Lotos nichts anhaben können, steht er für Reinheit und Unberührtheit und gedeiht dank des mediterranen Klimas bei achtsamer Pflege auch im Tessin.

Peter Carol, maestro giardiniere con diploma federale, è entrato nella ditta nel 1971, rilevandola poi nel 1985. Oggi gestisce l'attività con il figlio Philip, capo giardiniere, disegnatore edile e muratore con attestati federali.

Con il loro team che conta più di 25 collaboratori, realizzano e trasformano giardini e ne eseguono la cura con passione e professionalità. Allestiscono anche giardini con piante di loto, perché conferiscono all'insieme un carattere esotico. "La pianta del loto è la più amata tra le piante acquatiche ed incanta con i suoi fiori meravigliosi e le sue foglie affascinanti dal noto effetto loto".

Né acqua né sporcizia possono intaccare il loto che è quindi simbolo di purezza e intoccabilità. Grazie al clima mediterraneo, cresce anche in Ticino, se curato con attenzione.

LEBEN, WOHNEN & GENIESSEN | ABITARE, VIVERE & APPREZZARE

50 JAHRE GARTENKOMPETENZ
50 ANNI DI COMPETENZA NEL GIARDINAGGIO

Erfahrung als Kernkompetenz: Seit 50 Jahren hat sich das in Tenero ansässige Unternehmen auf die Gestaltung von Gärten und Terrassen spezialisiert. Von der Idee des Gesamtkonzeptes bis zum Resultat mit ausgewählten Produkten: Claudio Hacker bietet das Rundumprogramm mit besten Referenzen. Darüber hinaus empfiehlt sich die Firma Hacker Giardini & Gardencenter für spezielle Bepflanzungen, Biotope, extravagante Wasserspiele oder facettenreiche Steinarbeiten, für Dachbegrünung, Holzarbeiten, aber auch Beleuchtung, Bodenbeläge, Strukturen aus Cortenstahl, Gefässe oder andere dekorative Elemente vom Flammengrill bis zur kompletten Outdoor-Küche. Der Firmenchef geht auf die Wünsche und Träume der Kunden ein, entwirft, macht Vorschäge und budgetiert. Schliesslich ist ein Garten im besten Falle nicht nur Rasen und Hecke, sondern eine veritable Erweiterung des Wohnraums, die sogar Steinarbeiten mit Ornamenten und Gartenkunst beinhaltet.

Esperienza come competenza centrale: da 50 anni l'impresa di Tenero è specializzata nell'allestimento di giardini e terrazze. Dall'ideazione concettuale dell'intero progetto al risultato definitivo realizzato con prodotti selezionati, Claudio Hacker offre un programma completo e referenze di prim'ordine. La ditta Hacker Giardini & Garden Center propone inoltre la posa di piante speciali, biotopi, giochi d'acqua stravaganti o allestimenti in pietra ricchi di sfaccettature, tetti verdi, opere in legno ma anche illuminazioni, rivestimenti del terreno, strutture in acciaio Corten, vasi o altri elementi decorativi che vanno dal grill a fiamma all'intera cucina esterna. Il titolare ascolta i desideri e i sogni dei clienti, progetta, propone e allestisce il budget. D'altronde un giardino è molto più che un prato all'inglese e qualche cespuglio: è una vera e propria estensione dello spazio abitativo e può racchiudere anche lavorazioni in pietra con ornamenti e Garden Design.

HACKER GIARDINI
& GARDEN CENTER

Via alle Brere 3
CH-6598 Tenero
Tel. 0041 (0) 91 / 7 93 16 51

info.hackergiardini@gmail.com
www.hackergiardini.ch

MAX SCHMIDT – EIN PIONIER DER EXOTISCHEN BEPFLANZUNG
MAX SCHMIDT – IL PIONIERE DELLE PIANTE ESOTICHE

Max Schmidt, 1886 in Hamm geboren und 1973 in Brissago gestorben, war verheiratet mit der englischen Konzertpianistin Winifred Jackson. Bevor beide 1927 nach Brissago zogen, besass er eine Buchhandlung in Berlin-Mitte, einen kleinen Verlag für Naturwissenschaften, Religion und Spiritualität und eine Galerie mit ostasiatischer Kunst. Mit dieser geistigen Ausrichtung hatte er Kontakt zu zukunftsweisenden Intellektuellen wie Albert Schweitzer, Thomas Mann, Hermann Hesse und Albert Einstein.

Winifred Jackson entstammte einer geschichtsträchtigen Familie, war doch ihr Urgrossvater Robert Peel (1788-1850) von 1841 bis 1846 britischer Premierminister. Er reorganisierte die Londoner Polizeibewachung, deren Schutzpolizisten heute noch „Bobbies" genannt werden, nach Robert Peels Vornamen – englisch „Bobby".

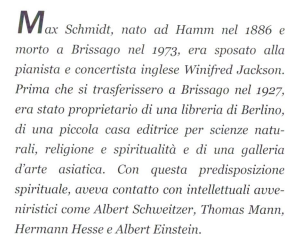

Max Schmidt, nato ad Hamm nel 1886 e morto a Brissago nel 1973, era sposato alla pianista e concertista inglese Winifred Jackson. Prima che si trasferissero a Brissago nel 1927, era stato proprietario di una libreria di Berlino, di una piccola casa editrice per scienze naturali, religione e spiritualità e di una galleria d'arte asiatica. Con questa predisposizione spirituale, aveva contatto con intellettuali avveniristici come Albert Schweitzer, Thomas Mann, Hermann Hesse e Albert Einstein.

Winifred Jackson discendeva da una famiglia storica. Suo bisnonno era Robert Peel (1788-1850), primo ministro britannico dal 1841 al 1846 che riorganizzò la polizia londinese. I poliziotti vengono chiamati ancora oggi „bobbies" dal nome di Peel, abbreviato in inglese con „Bobby".

Max Schmidt sopravvisse la prima guerra mondiale solo con la fortuna. In seguito, cercò un'esistenza pacifica e riconobbe, come molti intellettuali, che la Germania si stava lasciando ipnotizzare dall'industrializzazione e dal nuovo movimento patriotico di massa. Si godette quindi la pace del Ticino proprio come Hermann Hesse, già trasferitosi nel 1919.

Max Schmidt, da sempre appassionato di piante, iniziò a commerciare con semi e bulbi che sperimentava nel suo giardino. Ancora oggi è possibile ammirare i grossi alberi da lui piantati che gli servivano da paravento.

Den Ersten Weltkrieg überlebte Max Schmidt nur mit viel Glück. Danach suchte er eine friedliche Existenz und erkannte wie viele Intellektuelle, dass sich Deutschland durch die Industrialisierung und die neue patriotische Massenbewegung hypnotisieren liess.
Er genoss die Stille im Tessin wie Hermann Hesse, der schon 1919 ausgewandert war.
Max Schmidt, von Pflanzen seit jeher begeistert, begann mit Samen und Knollen zu handeln und experimentierte in seinem Garten. Noch heute kann man hier als Setzlinge gepflanzte Bäume bewundern, die damals als Windschutz dienten.
In Brissago pflegte Max Schmidt weiterhin seine geistigen Kontakte. Er bekam oft Besuch von Hermann Hesse; beide waren ursprünglich Buchhändler und leidenschaftliche Hobbygärtner. Zu den Gästen gehörten auch Hugo von Hofmannsthal, Konrad Adenauer und Albert Schweitzer. Aus der Ehe der Schmidts ging Sohn Theo hervor, doch erst der Enkel Roberto Schmidt führte die gärtnerische Tradition in Brissago weiter. Heute befinden sich hier riesige, seltene Bäume wie die Metasequoia, die in den 1940er Jahren in China neuentdeckt wurde. Max Schmidt konnte als Erster in der Schweiz die Samen besorgen.

Max Schmidt continuò a coltivare a Brissago anche i suoi contatti con intellettuali. Riceveva spesso visita da Hermann Hesse: entrambi erano stati librai ed erano appassionati giardinieri. Tra gli ospiti c'erano anche Hugo von Hofmannsthal, Konrad Adenauer e Albert Schweitzer. Dal matrimonio degli Schmidt nacque il figlio Theo ma fu soltanto il nipote Roberto Schmidt a proseguire la tradizione giardiniera a Brissago. Oggi dimorano qui rari alberi giganti come la Metasequoia che fu riscoperta in Cina negli anni Quaranta. Max Schmidt fu il primo in Svizzera ad ottenerne i semi.

IL VIVAIO
SCHMIDT ROBERTO
& PARTNERS

Via Porbetto 40
CH-6614 Brissago
Tel. 0041(0)91 / 793 42 05
Tel. 0041(0)79 / 621 62 50

LEBEN, WOHNEN & GENIESSEN | ABITARE, VIVERE & APPREZZARE

WELLNESS FÜR ZU HAUSE
WELLNESS A CASA

Ein eigener Pool – das wäre was. Oder wenigstens ein Whirlpool! Mit Skimmer oder Überlauf, Solarlamellen und anderem technischen Zubehör und Details, von Acqualife neu erbaut oder renoviert, gewartet und nach Bedarf repariert. Neben den Pools in verschiedenen Grössen und Formen hat sich die Firma auch auf Whirlpools, Saunas und Dampfbäder spezialisiert. Sie alle liegen im Trend, werden von Acqualife nach den Vorlieben der Kunden massgeschneidert, je nach Wunsch ausgestattet mit modernsten Filter- oder Desinfektionssystemen transportabel oder fest installiert. Mit der individuellen Beratung beginnt jede Arbeit, Masse werden genommen, die Örtlichkeiten besichtigt. Erst dann entstehen die Pläne. Doch auch beim bestinstallierten Swimmingpool der modernsten Art kann schon mal Service notwendig werden. Da und dort müssen Hilfsmittel nachgefüllt werden, die Reinigung steht an, Abdeckungen oder Zuleitungen sind zu erneuern. Corrado D'Angelo und sein Team haben vorgesorgt, übernehmen Wartung und Reparatur, schliesslich weiss der erfahrene Handwerker nur zu genau, dass es nicht mit der Installation getan ist, dass der Service den entscheidenden Unterschied macht. Ist der Herbst hereingebrochen und naht der Winter, werden die Pools und Whirlpools vorbereitet auf die kühlen Monate.

Ab Oktober haben Herr D'Angelo und seine Mitarbeiter immer noch genug zu tun, denn das zweite Standbein des Unternehmens gründet fest auf der Erfahrung im Heizungs- und Sanitärwesen. Obwohl das Tessin als Sonnenstube der Schweiz bekannt wurde, kann es schon mal kühl und nass werden. D'Angelo SA kümmert sich um die Reparatur, Wartung und Neuinstallierung von Heizungen und Sanitäranlagen,

Una piscina privata è un vero sogno! O magari anche solo una vasca idromassaggio. Con skimmer o a sfioro, lamelle solari o altri accessori e dettagli tecnici. Costruzione, ristrutturazione, manutenzione e riparazione a cura di Acqualife. Oltre che piscine di diverse dimensioni e forme, la ditta propone anche vasche idromassaggio, saune e bagni turchi. Tutti prodotti di tendenza, realizzati su misura da Acqualife a seconda delle preferenze del cliente, dotati su richiesta dei più moderni sistemi di filtraggio e di disinfezione ed eseguiti nelle varianti da incasso o finite. Ogni lavoro inizia con una consulenza personalizzata, con le misurazioni e la visita sul posto. Solo successivamente si procede a un'accurata progettazione.

Ma anche la piscina più moderna e meglio installata necessita di manutenzione: qui e là vanno aggiunti dei prodotti per il trattamento, va eseguita la pulizia, rinnovate le coperture o le condutture. Corrado D'Angelo e il suo team sono pronti ad offrire servizi di manutenzione e ripa-

razione. Del resto, il professionista sa esattamente che il lavoro non finisce con l'installazione ma è il servizio a fare la differenza. E quando si avvicina l'inverno o è iniziato l'autunno, le piscine e le vasche idromassaggio vanno preparate per i mesi freddi.

A partire da ottobre, il signor D'Angelo e i suoi collaboratori continuano ad avere molto da fare, perché il secondo settore di attività dell'impresa poggia su una profonda esperienza in materia di riscaldamenti e sanitari. Anche se il Ticino è noto come il salotto soleggiato della Svizzera, anche qui non mancano le giornate fredde e piovose. D'Angelo SA si occupa di riparazioni, manutenzioni e nuove installazioni di impianti di riscaldamento e sanitari, bruciatori, caldaie, impianti solari e termopompe. Non solo durante il regolare orario di lavoro ma anche per interventi d'emergenza, visto che dispone di un servizio di picchetto. D'altronde, un'impresa moderna è sempre al servizio dei suoi clienti.

von Brennern und Heizkesseln, Solaranlagen und Wärmepumpen. Nicht nur während der normalen Arbeitszeiten, sondern notfalls auch an Abenden oder Wochenenden dank des Bereitschaftsdienstes. Ein modernes Unternehmen ist schliesslich immer für seine Kunden da.

ACQUALIFE
RELAX & WELLNESS
Via Mappo 13
CH-6598 Tenero
Tel. 0041 (0) 91 / 7 30 90 90

info@acqualife.ch
www.acqualife.ch

D'ANGELO SA
Via Mappo 13
CH-6598 Tenero
Tel. 0041 (0) 91 / 7 51 56 78

info@dangelo-sa.ch
www.dangelo-sa.ch

MEER MIT SEESICHT
UN MARE CON VISTA SUL LAGO

Uhren gibt es nur wenige im ganzen Haus – und das ist nicht etwa der Vergesslichkeit geschuldet, sondern ein Prinzip. Der Gast soll nämlich nicht auf Selbige schauen, sondern die Zeit vergessen. Der Tageseintritt ins Termali Salini & Spa am Lido von Locarno berechtigt deshalb zum unbeschränkten Aufenthalt: Wer einmal da ist, kann sich grenzenlos verwöhnen lassen, indem er/sie eine der vielen Massagen bucht oder die hauseigene Gastronomie nutzt.
Als „Meer mit Seesicht" bezeichnen viele Tessiner ihre Therme gern und meinen das Natursole-Wasser, aber auch die einzigartige Lage. Das Aussenbad, die Terrasse mit Blick auf den See und die Saunawelt gehören zu den grössten Attraktionen. Verschiedene Aufgüsse werden zelebriert in den Termali Salini, deren grösste Attraktion sich ganz oben befindet. Die Private-Spa-Suiten können für ein paar Stunden zum individuellen, kaum zu steigernden Wellness-Erlebnis zu zweit gemietet werden.

Nella struttura si trovano ben pochi orologi, il che non dipende da una dimenticanza ma dalla filosofia di casa. Gli ospiti non devono fissare sempre la stessa cosa ma dimenticare il tempo. L'ingresso giornaliero nei Termali Salini & Spa sul Lido di Locarno permette di restare nella struttura tutto il tempo desiderato. Una volta entrati, ci si può coccolare senza limiti prenotando i numerosi massaggi o gustando la gastronomia di casa.
Molti ticinesi chiamano volentieri le loro terme "un mare con vista sul lago", intendendo l'acqua salina naturale ma anche la posizione unica. La vasca esterna, la terrazza con vista sul lago e il mondo sauna sono le sue grandi attrazioni. Per non dimenticare i rituali celebrati nelle saune dei Termali Salini, il cui fiore all'occhiello si nasconde al primo piano: 3 Spa private per due persone da prenotate per alcune ore per vivere un'esperienza wellness individuale.

AQUA SPA RESORTS SA
TERME & SPA
TERMALI SALINI & SPA

Via G. Respini 7
CH-6600 Locarno
Tel. 0041 (0) 91 / 7 86 96 96

info@termali-salini.ch
www.termali-salini.ch

KLEIN, ABER KOMPETENT
PICCOLO MA COMPETENTE

Die Entscheidung, klein und individuell zu bleiben, ist bewusst gefallen. Roberto Zinetti, der das Unternehmen mit seinem Sohn Fabiano führt, wollte nie expandieren, Filialen eröffnen, die Welt erobern. Lieber konzentriert er sich auf seine Stammkunden, sorgt für zufriedene Gesichter und nimmt sich im Sommer auch mal ein paar Tage Zeit, um in die Bretagne in Urlaub zu fahren. Zurück im Tessin, widmet er sich dann mit Leidenschaft dem Kerngeschäft von Zin: dem Bauen und Installieren von Rollläden und anderen Schutzmechanismen. Eine Aufgabe, die an Vielfalt kaum zu überbieten ist, denn in der Sonnenstube Tessin herrscht an Arbeit kein Mangel. Sonnensegel für private Haushalte oder Restaurants müssen installiert, Plätze überdacht werden. Individuell konzipiert werden die Jalousien und Abdeckungen, je nachdem ob sie am Pool stehen oder über dem Gartengrill, ob sie sich in die Altstadt von Ascona einpassen oder mit der Designervilla über dem See harmonieren sollen.

La decisione di restare piccoli ma individuali è voluta. Roberto Zinetti, che conduce l'impresa con il figlio Fabiano, non ha mai voluto espandere, aprire filiali, conquistare il mondo. Preferisce concentrarsi sui clienti abituali, si impegna per vedere visi soddisfatti e in estate si prende il tempo di trascorrere qualche giorno di vacanza in Bretagna. Rientrato in Ticino, ritorna a dedicarsi con passione alla principale attività di Zin: la costruzione e l'installazione di tapparelle e altri meccanismi di protezione. Un compito che offre un numero di varianti vastissimo, perché in Ticino, il cosiddetto salotto soleggiato della nazione, non ci si può certo lamentare che manchi il lavoro. Installazioni di tende da sole per privati e ristoranti, costruzioni di verande. Le gelosie e le coperture vengono concepite individualmente, a seconda che la loro destinazione sia una piscina oppure un grill in giardino. O anche in modo tale che armonizzino con il centro storico di Ascona o con una villa design sul lago.

ZIN SAGL

Via Mappo 5
CH-6598 Tenero
Tel. 0041 (0) 91 / 7 45 23 08

info@zin.ch
www.zin.ch

LEBEN, WOHNEN & GENIESSEN | ABITARE, VIVERE & APPREZZARE

TRAUMZIEL TESSINER SEEN: DAS ZUSAMMENSPIEL AUS BERGEN UND MEDITERRANEM FLAIR IST EINZIGARTIG
OBIETTIVO LAGHI TICINESI: IL GIOCO COMBINATO DI MONTAGNE E STILE MEDITERRANEO È UNICO

HÄUSER AM WASSER SIND HOCH BEGEHRT
PARTICOLARMENTE AMBITE SONO LE CASE SULL'ACQUA

EINE FRAGE DES WASSERS
UNA QUESTIONE D'ACQUA

Der Ausblick auf den See ist gratis, ein Grundstück leider nicht
La vista sul lago è gratis, una proprietà immobiliare purtroppo no

Es gibt Liebhaber des Lago di Lugano und solche, die dem Lago Maggiore den Vorzug geben. Andere sprechen gar nicht über die beiden grossen Seen des Tessins, sondern nennen eher die kleinen, die unbekannten. Doch es sind natürlich der Luganer See und der auch als Langensee bezeichnete Lago Maggiore, die für das Renommee des Kantons als Freizeitdestination gesorgt haben. Unzählige Menschen, die sich für ein paar Tage oder Wochen in einem der Hotels von Ascona oder Locarno eingemietet haben, träumen ja auch davon, eine Wohnung mit Seeblick zu erwerben, vielleicht ein Häuschen ganz vorn am Ufer, eigenen Bootsanleger inklusive! Keine ganz preiswerte Phantasie, die Immobilienpreise sind in den vergangenen Jahren gestiegen, die Begeisterung für die Region hält an. Der Bummel über die Seepromenaden kann da einen kleinen, leistbaren Ersatz liefern, auch eine Dampferfahrt macht Laune. Zumal ja auch die kleinen Orte, die Dörfer entlang der Seen, einiges an Entdeckungen bieten. Die Grenzen zwischen dem Tessin und den benachbarten italienischen Regionen Piemont und Lombardei verschwimmen, und obwohl die Grenzstationen zu sehen sind, ist der Austausch eng und der Ausflug von Ascona oder Brissago zu den Botanischen Gärten der Villa Taranto in Italien lohnt allemal. Auf Schweizer Seite wiederum sind es die beiden Inseln, die sogenannten Isole di Brissago, die für ihren botanischen Garten bekannt sind.

Wer die Uferstrasse befährt, sich vortastet von der Magadino-Ebene in Richtung Verbania, entdeckt freilich auch, wie sich die Region am Lago Maggiore entwickelt hat. Trutzige Burgen und Herrenhäuser sind noch zu erkennen,

C'è chi ama il Lago di Lugano e chi preferisce il Lago Maggiore. Altri non si curano nemmeno dei due principali laghi ticinesi e optano per i più piccoli e meno noti. Naturalmente sono il Lago di Lugano e il Lago Maggiore a conferire al Cantone la fama di meta di vacanza. Innumerevoli villeggianti che hanno trascorso un paio di giorni o settimane in uno degli hotel di Ascona o Locarno sognano di acquistare un appartamento con vista sul lago, magari una casetta sulla sponda, incluso approdo privato! Un sogno non certo economico, visto che i prezzi delle proprietà immobiliari sono aumentati negli ultimi anni e che l'entusiasmo per la regione persiste. Qualche acquisto sul lungo lago è possibile a tutti e compensa almeno in parte tali desideri. Anche una gita con il vaporetto mette di buon umore. Le piccole località, i paesi sui laghi, offrono tanto da scoprire. I confini tra il Ticino e le regioni italiane del Piemonte e della

Seepanorama
Panorama lacustre

LEBEN, WOHNEN & GENIESSEN | ABITARE, VIVERE & APPREZZARE

künden von einer Epoche, als Tourismus noch keine Rolle spielte. Mächtige Hotelpaläste wiederum rufen das späte 19. Jahrhundert ins Gedächtnis, als die Wohlhabenden sich Ferien im Tessin gönnten. Wer heute am Lido von Ascona ein Gefühl von Mittelmeer erhaschen will, muss allerdings kein Millionär sein, denn viele Pensionen und Hotels erlauben den erschwinglichen Aufenthalt. Und sollte das Wetter mal schlecht ausfallen, die Temperatur nicht ausreichend sein, böte sich eine Erholung im Natursolebad an. Danach könnte man Ausschau halten nach dem, was die Fischer an Lebendigem aus den Seen gewinnen. Der regionale Fisch ist, auch wenn seine Mengen begrenzt sind, bei den Köchen des Tessins ebenso geschätzt wie bei den Gourmets. Restaurants mit Blick auf den See existieren reichlich, Geheimtipps werden zumindest nach gutem Zureden gern verraten.

Das eigene Boot gilt als Traum
Un'imbarcazione di proprietà è il sogno di tutti

Vom Meeresstrand kaum zu unterscheiden: der Lido von Ascona
Come una spiaggia al mare: il Lido di Ascona

Lombardia sono dissolti. Anche se si vedono le stazioni doganali, lo scambio è vivo e fitto e da Ascona o Brissago vale sicuramente la pena fare una gita al giardino botanico di Villa Taranto in Italia. Sul versante svizzero sono invece le due isole di Brissago ad essere note per il loro giardino botanico.

Chi percorre la strada sul lago, penetrando lentamente nel territorio, dal Piano di Magadino in direzione di Verbania, scopre quale sia stato lo sviluppo della regione del Lago Maggiore. Si riconoscono ancora i borghi imponenti e le ville padronali, reminiscenze di un'epoca in cui il turismo non esisteva ancora. Gli imponenti palazzi degli hotel richiamano invece alla memoria il XIX secolo, quando i villeggianti più agiati si godevano le ferie in Ticino. Chi cerca oggi un tocco di mediterraneità sul Lido di Ascona, non deve essere milionario: molte pensioni e hotel offrono un soggiorno alla portata di tutti. E semmai il tempo dovesse peggiorare e le temperature non raggiungessero il livello sufficiente, si può optare per una visita relax ai bagni salini naturali e dare quindi un'occhiata al pescato vivo raccolto dai laghi. Anche se disponibile in quantità limitata, il pesce della regione è apprezzato sia dagli chef ticinesi che dai buongustai. Numerosi sono i ristoranti con vista sul lago. Dopo un certo lavoro di persuasione, qualcuno svela anche quali siano i posti da veri intenditori.

WER SEINE RUHE HABEN WILL, WANDERT INS VERZASCATAL
CHI CERCA LA TRANQUILLITÀ, FA UN'ESCURSIONE IN VAL VERZASCA

EIN LEBEN FÜR ZWEI RÄDER
UNA VITA PER LE DUE RUOTE

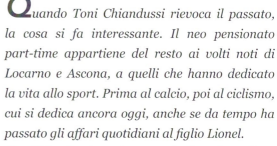

BIKE CICLI CHIANDUSSI

Via Muraccio 6
CH-6612 Ascona
Tel. 0041 (0) 91 / 780 55 42

chiandussibike@tidata.net
www.chiandussibike.ch

Wenn Toni Chiandussi über alte Zeiten spricht, wird es interessant. Der frischgebackene Teilzeit-Pensionär gehört schliesslich zu denen, die man kennt in Locarno und Ascona, die ihr Leben für den Sport gegeben haben. Der Fussball spielte eine Rolle, dann der Radsport. Tut er übrigens noch heute, auch wenn der Mann das Alltagsgeschäft längst an Sohn Lionel übergeben hat.

Doch auf dem Altenteil zu sitzen, liegt Chiandussi senior nicht. Das auf Räder spezialisierte Geschäft, seit 2016 in der Via Muraccio ansässig, feiert 2017 sein 20-jähriges Jubiläum. Bekannt ist es für sein riesiges Angebot an Fahrrädern und passendem Zubehör. Renn- und Tourenräder werden vermietet oder verkauft, Mountain- und E-Bikes, solche für den Stadtverkehr und jene für Kinder. Die geeignete Bekleidung, von den Schuhen bis zum Helm, ist ebenfalls im Angebot, auch einen Reparatur-Service bietet Toni Chiandussi an. Und ein Schwatz zwischendurch ist immer inklusive!

Quando Toni Chiandussi rievoca il passato, la cosa si fa interessante. Il neo pensionato part-time appartiene del resto ai volti noti di Locarno e Ascona, a quelli che hanno dedicato la vita allo sport. Prima al calcio, poi al ciclismo, cui si dedica ancora oggi, anche se da tempo ha passato gli affari quotidiani al figlio Lionel.

Ma Chiandussi senior non è tipo da sedersi in panchina. Il negozio specializzato in due ruote, dal 2016 in via Muraccio, festeggia nel 2017 il ventesimo anniversario. È noto per la vasta offerta di biciclette e accessori. Biciclette da corsa e da turismo in vendita o a noleggio, mountain bike e biciclette elettriche, sia per il traffico cittadino che per bambini. L'offerta di Toni Chiandussi contempla anche l'abbigliamento adatto, dalle scarpe agli elmetti, e gli interventi di riparazione. E nel servizio è sempre inclusa una bella chiacchierata!

LEBEN, WOHNEN & GENIESSEN | ABITARE, VIVERE & APPREZZARE

KRAFTPLATZ – RUHE-OASE
CENTRO DI FORZA. OASI DI PACE.

Zufällig wurde das besondere, fast magisch wirkende Anwesen oberhalb von Brissago nicht gefunden. „Wir haben lange nach einem geeigneten Kraftplatz, einer Ruhe-Oase gesucht", sagen Jorden Thinlay, der tibetische Ngagpa – die tibetische Bezeichnung eines Schamanen –, und seine Frau Anita. Auf dem eindrucksvollen Grundstück, nahe Ascona und Locarno, aber doch abgeschieden, finden Meditationen, philosophische Abende, Workshops oder Kurse statt; eine Gebetsgrotte lädt Anhänger sämtlicher Religionen und Überzeugungen zur spirituellen Einkehr ein.

Wenn Anita und Jorden Thinlay ihre Besucher empfangen, dann aus unterschiedlichen Beweggründen. Der gebürtige Tibeter, der 1961 in die Schweiz kam, hat sich mit Anita, international für ihre alternativen, komplementären Heilmethoden bekannt, einen Ruf geschaffen, der weit über das Tessin hinausragt und auch im Rest der Schweiz oder in Deutschland vorhanden ist. Ihre Zusammenarbeit mit Ärzten und Heilpraktikern ist ausgezeichnet, Schulmedizin wird

La particolare e quasi magica proprietà sopra Brissago non è stata una scelta casuale. "Abbiamo cercato a lungo un centro di forza adeguato, un'oasi di pace", raccontano Jorden Thinlay, Ngagpa tibetano (denominazione tibetana di sciamano), e sua moglie Anita. Nell'imponente proprietà, non lontana da Ascona e Locarno ma pur sempre abbastanza isolata, hanno luogo meditazioni, serate filosofiche, workshop e corsi; la grotta della preghiera invita all'introspezione spirituale gli appartenenti di tutte le religioni e convinzioni.

Quando Anita e Jorden Thinlay ricevono i visitatori, lo fanno per motivazioni sempre diverse.

TIBETAN HEALTH CENTER

Via Piazza 2
CH-6614 Brissago
Tel. 0041 (0) 79 / 2 65 90 00
Tel. 0041 (0) 79 / 2 35 70 00

tibetanhealthcenter@bluewin.ch

nicht als Konkurrenz betrachtet, sondern als Ergänzung. „Vor einigen Jahren war es noch undenkbar, dass man so eng mit Ärzten und Kliniken zusammenarbeitet, wie wir es tun", sagt Jorden Thinlay. Wichtig sind allerdings auch die Beziehungen zu den spirituellen Vorbildern der Thinlays wie zu Seiner Heiligkeit, dem 14. Dalai Lama, oder Seiner Heiligkeit, dem 17. Karmapa. Immer wieder treffen Anita und Jorden Thinlay diese Persönlichkeiten Tibets, sei es in Indien, dem Exil des Dalai Lama, sei es bei Reisen in alle Welt. Das A und O ihrer Heilbehandlungen ist es, auf einfühlsame Weise die Ursachen aller Krankheiten herauszufinden und diese zu behandeln – ganz individuell und ohne den geringsten Zeitdruck, je nach Art der Problematik und der Persönlichkeit des Patienten. Dass dies an einem Kraftort wie Brissago besonders gut gelingt, ist nachvollziehbar.

Di origine tibetana e approdato nel 1961 in Svizzera, Jorden ha acquisito con Anita, conosciuta a livello internazionale per le sue cure alternative e complementari, una notorietà che supera di gran lunga il Ticino e raggiunge il resto della Svizzera e la Germania. La loro collaborazione con medici e naturopati è eccellente. La medicina scolastica non viene interpretata come concorrenza ma come integrazione. "Fino ad alcuni anni fa era impensabile collaborare strettamente con medici e cliniche come facciamo noi", dice Jorden Thinlay. Importanti sono però anche i contatti con i modelli spirituali dei Thinlay, ad esempio Sua Santità il XIV Dalai Lama, o Sua Santità il XVII Karmapa. Anita e Jorden Thinlay incontrano regolarmente queste personalità tibetane sia in India, sede d'esilio del Dalai Lama, che nei loro viaggi in tutto il globo. Il principio fondamentale delle loro cure è scoprire con empatia le origini di tutte le malattie per poi trattarle con metodi assolutamente individuali e senza la minima fretta, a seconda della problematica e della personalità del paziente. È comprensibile che questo riesca particolarmente bene in un centro energetico come Brissago.

ERFÜLLTE TRÄUME IN ASCONA
DESIDERI ESAUDITI AD ASCONA

Wenn andere in die Ferien gehen, ist Reto Froesch nicht zu bremsen. Der Inhaber der Farmacia Nuova, einer der traditionsreichen Apotheken am Lago Maggiore, war stets unterwegs in der Welt. Nicht als Tourist, sondern als Pilot auf humanitärer Mission. „Es geht um Menschen", sagt der 64-Jährige, der zehn Jahre jünger aussieht. Viele Länder Afrikas kennt er aus eigener Erfahrung. Dass er auch Tauchlehrer ist und sich auskennt auf Meer und See, kommt den Besuchern von Ascona zugute. Sollte einer im Urlaub Herzprobleme haben, ist Froesch als First Responder möglicherweise der erste Helfer.

In der Farmacia Nuova, die von seiner Tante aufgebaut wurde, hat sich Reto Froesch auf anthroposophische Mittel spezialisiert, mischt spagyrische Medikamente, arbeitet mit Ärzten, Gesundheitsdiensten und internationalen Organisationen zusammen. Und weiss genau, welche Bedeutung ein ausführliches Kunden- oder Patientengespräch haben kann – auch über Träume!

Mentre gli altri si godevano le ferie, Reto Froesch era inarrestabile. Il proprietario della Farmacia Nuova, una delle più ricche di tradizione di tutto il Lago Maggiore, è sempre stato in giro per il mondo. Ma non da turista, bensì come pilota in missione umanitaria. "Si tratta di esseri umani", dice il 64enne che dimostra dieci anni di meno. L'esperienza diretta gli ha fatto conoscere molti paesi africani. Il fatto che sia anche istruttore subacqueo e conosca il mare e il lago è un vantaggio per chi visita Ascona. E come First Responder è probabilmente il primo soccorritore che si presenta quando qualcuno ha problemi cardiaci.

Nella Farmacia Nuova sviluppata da sua zia, Reto Froesch si è specializzato in medicina antroposofica, prepara rimedi spagirici, collabora con medici, servizi sanitari e organizzazioni internazionali. E conosce esattamente l'importanza di un colloquio approfondito con clienti e pazienti – anche sui loro sogni!

FARMACIA NUOVA

Via Borgo 20
CH-6612 Ascona
Tel. 0041(0)91/7 91 16 12

farmacianuova@ticino.com

LEBEN, WOHNEN & GENIESSEN | ABITARE, VIVERE & APPREZZARE

SCHÖNHEIT UND WOHLBEFINDEN
BELLEZZA E BENESSERE

BEAUTY CLUB ESTETICA

Via dei Pioppi 2a
CH-6616 Losone
Tel. 0041 (0) 91 / 751 28 36

info@beautyclubestetica.ch
www.beautyclubestetica.ch

Wenn es um Wellness- und Beautybehandlungen geht, macht Jacqueline Maurelli niemand etwas vor. Die Tessinerin hat ihre neue berufliche Wirkungsstätte in Losone zwar erst Ende Dezember eröffnet, Erfahrung im Bereich der Schönheit besitzt die Chefin jedoch seit mehr als 30 Jahren. Jacqueline Maurelli ist weit über Sopraceneri hinaus bekannt. Mehr noch: Sie leitete den Berufsverband AESI. Zudem kümmert sie sich in einem nicht selbstverständlichen Masse um die Aus- und Fortbildung des Nachwuchses.

So viel Erfahrung und Engagement kommen damit den Kundinnen und Kunden zugute. Hier hat alles Hand und Fuss, die Geräte sind auf dem neuesten Stand der Technik. Zahlreiche Angebote der Beauty- und Wellnessbehandlung sind möglich: Gesichts- und Körperbehandlungen, klassische, medizinische und Sportmassagen, Lymphdrainagen und Behandlungen an der neuen und exlusiven Einrichtung Keope Gpr. Individualität hat in jedem Fall die oberste Priorität.

Quando si tratta di trattamenti di bellezza e benessere, nessuno può competere con Jacqueline Maurelli. La ticinese ha aperto la nuova sede a Losone soltanto alla fine dello scorso dicembre ma annovera oltre trent'anni di esperienza nel campo della bellezza. Il nome di Jacqueline Maurelli è noto ben oltre i confini del Sopraceneri. Ma c'è di più: svolge il suo lavoro anche per dell'associazione professionale AESI, occupandosi tra l'altro di un vastissimo programma di formazioni e specializzazioni professionali rivolte alle nuove generazioni del settore.

Tale esperienza e impegno confluiscono a vantaggio della clientela: know-how d'eccellenza e apparecchi che soddisfano i più moderni requisiti tecnici. Numerose sono le proposte dedicate a bellezza e benessere, quali trattamenti viso e corpo, massaggi classici, terapeutici e sportivi, linfodrenaggio e applicazioni con il nuovo ed esclusivo dispositivo Keope Gpr. Un centro estetico al passo con i tempi dotato di apparecchiature innovative. Una priorità assoluta dell'istituto è offrire sempre servizi personalizzati.

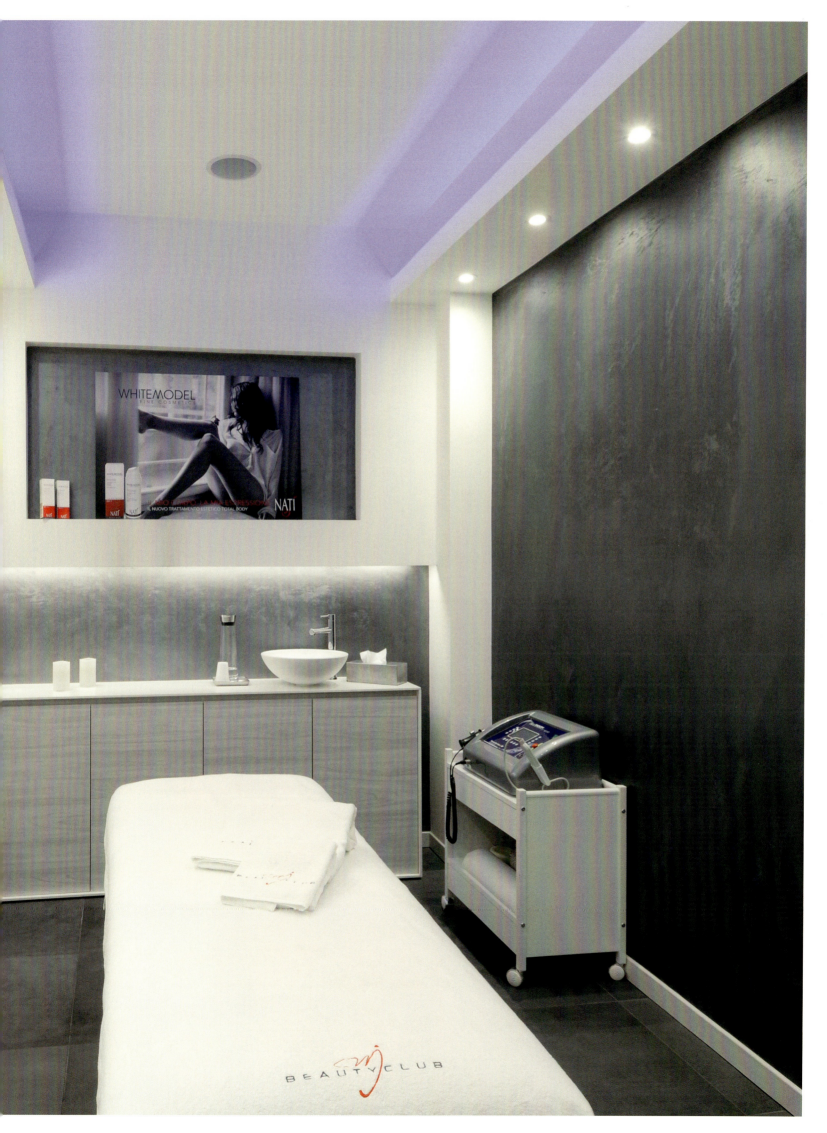

MORGENSTIMMUNG AM LAGO MAGGIORE – FRÜHAUFSTEHER GENIESSEN DIE SCHÖNSTEN MOMENTE
MATTINO SUL LAGO MAGGIORE – CHI SI ALZA DI BUON'ORA SI GODE I MOMENTI PIÙ BELLI

DIE HÖHLENARTIGEN GROTTI, HIER IN BRIONE SOPRA MINUSIO, SIND FÜR POLENTA UND DEFTIGE FLEISCHGERICHTE BERÜHMT
I GROTTI CAVERNOSI, QUI A BRIONE SOPRA MINUSIO, SONO NOTI PER LA POLENTA E I PIATTI NOSTRANI A BASE DI CARNE

KLEINE GROTTI, GROSSE ANSPRÜCHE
PICCOLI GROTTI, MASSIMI LIVELLI

Eng und stimmungsvoll: ein typisches Grotto
Stretto e pittoresco: un tipico grotto

Viele Jahre lebte der deutsche Dichter Hermann Hesse im Tessin. Die Landschaft hatte es dem Schöpfer des Glasperlenspiels angetan, aber es war auch die Gastkultur, die dem gebürtigen Schwaben erfreulich schien. Gern setzte sich Hesse in sein Lieblingsgrotto und genoss, was auch heute noch die Schriftsteller und andere Gäste begeistert: die Verbindung aus einfacher, deftiger Küche, guten Weinen und einer vor allem im Sommer geschätzten Kühle. Der Name Grotto stammt nämlich nicht von ungefähr. Man findet die so typische, ansatzweise höhlenartige Art der Tessiner Wirtschaft vor allem draussen auf dem Land, in den Wäldern und Tälern, beschattet von hohen Bäumen, geschützt von dicken Mauern. Häufig läuft ein Bach vorbei und spendet zusätzliche Frische. Nirgendwo kann man, im heissen Tessiner Sommer, so angenehm entspannen wie in einem Grotto.

Serviert werden hier in erster Linie die Klassiker der Tessiner Küche, die im Sommer wie im Winter Beliebtheit erfahren. Die Tessiner Würste, die Luganighette, werden gern mit Polenta aufgetragen, zur Abwechslung gibt es Pasta aus Farina Bóna, eine nicht weniger sättigende Beilage auf der Basis von geröstetem Maismehl, die ihren Ursprung im Valle Onsernone hat. Man kann diese Spezialität und andere Besonderheiten der Tessiner Gastrokultur auf den Märkten kaufen oder direkt bei den Erzeugern, sollte dann aber auch nicht vergessen, den im Tessin angebauten

Il poeta tedesco Hermann Hesse trascorse molti anni della sua vita in Ticino. Era il paesaggio ad affascinare l'autore de "Il gioco delle perle di vetro" ma anche l'ospitalità locale coinvolgeva questo svevo d'eccezione. Hesse sedeva volentieri nel suo grotto preferito per gustare ciò che, oggi come allora, entusiasma sia gli scrittori che gli altri avventori: l'unione tra una cucina semplice e nostrana, ottimi vini e la frescura tanto corroborante nei mesi estivi. La denominazione di grotto non è certo casuale. Questi tipici locali ticinesi a forma di grotta si nascondono soprattutto in campagna, nei boschi, nelle valli, all'ombra di alberi antichi, protetti da spesse mura. Non di rado scorre nei pressi un ruscello che regala ancor più ristoro. Nell'estate ticinese non vi è luogo migliore di un grotto per rilassarsi.

In generale si servono i classici della cucina ticinese, amatissimi sia in estate che in inverno. Le salsicce ticinesi, le cosiddette lunganighette,

Tessiner Wurstwaren
Insaccati ticinesi

Reis zu kosten – vielleicht als Risotto? Immer öfter mischen sich die Essgepflogenheiten des Mittelmeerraumes mit jenen des Tessins, lassen auch in der entlegensten Waldhütte hausgemachte Ravioli möglich erscheinen. Ein paar Krümel vom berühmten Valle-Maggia-Pfeffer dürfen da natürlich nicht fehlen: Zumindest ein Glas von jener unglaublich würzigen Spezialität sollte man sich für die Heimreise einpacken. Nie fehlen darf im Tessin auch der Käse. Kräftiger Alpkäse wie jener von der Alpe Piora, der jedem Gruyère das Wasser reicht, oder der Valmaggia. Mit dem Zincarlin, einem im Grenzgebiet zwischen Tessin und Lombardei hergestellten Frischkäse, kann man nichts falsch machen. Der Formaggio della Paglia, der zwecks Reifung in Stroh gewickelte Käse aus dem Maggiatal, geniesst unter Kennern Insiderruhm.

Und sollte einem die rustikale Grotto-Küche aller Vorzüge zum Trotz irgendwann zu langweilig sein: An anspruchsvollen Sternerestaurants mangelt es zwischen Lugano und Ascona nicht. Für ambitionierte Köche ist das Tessin ein Paradies geworden, für ambitionierte Esser erst recht.

Rarität für Kenner: Reis aus dem Tessin
Una rarità per intenditori: il riso del Ticino

vengono servite spesso con la polenta; per variare c'è la pasta di farina bona, un contorno non meno saziante a base di farina di mais tostata, che trova le sue origini nella Valle Onsernone. Queste specialità e altre particolarità della cultura gastronomica ticinese sono reperibili anche nei mercati o direttamente dai produttori ma, cercandole, non va assolutamente dimenticato un assaggio del riso prodotto in Ticino, magari con un risotto! Sempre più spesso, le abitudini culinarie del mediterraneo si mescolano a quelle ticinesi, rendendo possibile un piatto di ravioli fatti a mano nella baita di montagna più sperduta. E naturalmente non potrà mancare un po' del famoso pepe della Valle Maggia: almeno un vasetto di questa specialità estremamente aromatica non potrà mancare tra i ricordi da portare a casa. In Ticino non mancano però nemmeno i formaggi. Formaggio alpino intenso come quello dell'Alpe Piora, che sa competere con qualsiasi gruviera, oppure della Valle Maggia. Con lo Zincarlin, un formaggio fresco della regione di confine tra Ticino e Lombardia, non si sbaglia mai e il Formaggio della Paglia, originario della Valle Maggia e avvolto appunto nella paglia per la sua maturazione, gode di un'ottima fama tra gli intenditori.

E se qualcuno si stancasse, prima o poi, della piacevole cucina rustica dei grotti, non si può certo dire che tra Lugano e Ascona manchino i ristoranti stellati di alto livello. Il Ticino è un paradiso per i cuochi ambiziosi, per non parlare dei gourmet esigenti.

Lange gereift sind die besten Käsesorten der Region
I migliori formaggi della regione sono stagionati a lungo

DIE ALPE PIORA IST AUCH FÜR IHREN KÄSE BEKANNTGEWORDEN
L'ALPE PIORA È NOTA ANCHE PER I SUOI FORMAGGI

HISTORIE TRIFFT INDIVIDUALITÄT
STORIA E INDIVIDUALITÀ

Einen Renaissancepalast zum Hotel um- und auszubauen, ist ein Privileg. Doch es stellt auch eine Herausforderung der besonderen Art dar, die vor zwei Jahren von Bettina und Renato Doninelli begonnen und erfolgreich abgeschlossen wurde. Zwischen der Ankunft der Arbeiter und der Eröffnung des wohl schönsten Boutiquehotels in weitem Umkreis um Bellinzona lagen nicht mal 14 Monate, was wohl auch mit den Berufen der Inhaber zu erklären ist. Während die Chefin sich in der Hotelbranche einen Namen machen konnte, führt Renato Doninelli ein alteingesessenes Architekturbüro.

Angefüllt war die Bauzeit mit der sanften Erweiterung des Bestehenden, dem individuellen Gestalten der Zimmer, der Erhaltung der Substanz. Was nach dem Entfernen der schon vor Jahrzehnten eingezogenen Wandverkleidungen und Zwischendecken zutage trat, hätten die Doninellis selbst kaum geglaubt. Herrliche alte Balken, Reste der einstigen Wandmalereien, Relikte der

Trasformare un palazzo rinascimentale in un hotel è un privilegio. Ma anche una sfida non indifferente che Bettina e Renato Doninelli hanno affrontato e vinto due anni fa. Tra l'arrivo degli operai e l'apertura del Boutique Hotel più bello nel largo raggio di Bellinzona sono trascorsi solo 14 mesi, il che ha sicuramente a che fare con le professioni dei proprietari. Mentre la padrona si è fatta un nome nel settore alberghiero, Renato Doninelli gestisce uno studio di architettura di lunga tradizione.

Durante la ristrutturazione sono state ampliate e arredate individualmente le camere preesistenti, conservando la sostanza dell'edificio. I Doninelli non si aspettavano ciò che sarebbe apparso ai

LEBEN, WOHNEN & GENIESSEN | ABITARE, VIVERE & APPREZZARE

Vergangenheit. Von einem Künstler ergänzt, bieten die Gemälde heute den einzigartigen Hintergrund fürs Restaurant, für die Bar und den Tagungsraum im ersten Stock. Hier wie in den Gästezimmern wurden die Gegebenheiten des Bauwerks mit neuestem Komfort verschmolzen – so ist die Temperatur jedes Zimmers individuell einstellbar. „Wir gehen individuell auf die Gäste ein", sagt Bettina Doninelli. Das ungewöhnliche Konzept schliesst auch die eigene Wäscherei ein oder die mit Produkten der Region gespickte Speisekarte. Menüs kann der Kunde wählen, à la carte speisen, vielleicht auch nur eine Kleinigkeit zu sich nehmen. Danach noch einen Espresso, vielleicht ein Digestif auf der Veranda vor dem Haus, wo die frisch renovierte Piazza Grande das Zentrum des historischen Giubiasco aufwertet. Eine Besichtigung des Gewölbekellers sollte nicht vergessen werden: Wo früher Wein und Korn gelagert wurden, veranstaltet man heute exklusive Diners mit historischem Background.

loro occhi una volta eliminato il rivestimento delle pareti di alcuni decenni fa: meravigliose travi antiche, resti dei dipinti a muro, relitti del passato. Completati da un artista, i dipinti costituiscono oggi lo sfondo inimitabile del ristorante, del bar e della sala riunioni al primo piano. Qui e nelle stanze degli ospiti, la realtà dell'edificio si è unita al comfort più moderno, come ad esempio la regolazione indipendente della temperatura in ogni camera. "Il nostro approccio nei confronti degli ospiti è individuale", sostiene Bettina Doninelli. L'inconsueto concetto alberghiero contempla anche una lavanderia interna e un menu ricco di prodotti regionali. I clienti possono scegliere tra menu completi, piatti à la carte e piccoli spuntini. Seguiti magari da un caffè o un digestivo nella veranda sul fronte del palazzo, dove la Piazza Grande appena rinnovata impreziosisce la storica località di Giubiasco. Da non perdere è una visita alla cantina a volte di pietra: dove prima giacevano vino e grano, hanno luogo oggi cene esclusive in una cornice storica.

HOTEL LA TURETA

Piazza Grande 43
CH-6512 Giubiasco
Tel. 0041 (0) 91 / 857 40 40

hotel@latureta.ch
www.latureta.ch

LEBEN, WOHNEN & GENIESSEN | ABITARE, VIVERE & APPREZZARE

ALTES BEWAHREN, NEUES ERFINDEN
TRADIZIONE E INNOVAZIONE

Hoch über dem Lago Maggiore ist die Welt so, wie man sie sich kaum schöner malen könnte. Der Parkplatz bereits mit Namensschild reserviert, das Zimmer mit Blick über den See bereit, der Tisch im Panoramaspeisesaal vorbereitet. Man merkt im ersten Moment, dass es sich beim Stella um einen Familienbetrieb handelt, um einen, der die Vorzüge der Lage mit dem Bewusstsein von Gastfreundschaft verbindet. René Schürpf, der Inhaber, empfängt die Kunden nach Möglichkeit persönlich und zeigt ihnen alle Besonderheiten. Die grosse Terrasse etwa, auf der man auch nach Sonnenuntergang entspannen kann, oder die mit Parkett ausgestatteten Zimmer – teilweise als Designzimmer gestaltet. Tagsüber ist der Garten mit beheiztem Schwimmbad Treffpunkt der Besucher, am Abend ist das Restaurant Anlaufpunkt. Hausgemachte Gnocchi, Crespelle oder die schon berühmte Melanzane alla romana, das schmackhafteste Auberginengericht von Orselina, gelten als Klassiker.

Lassù, sopra il Lago Maggiore, il mondo non potrebbe essere più bello e pittoresco. Il posto macchina è già prenotato con un cartello con il nome dell'ospite, la camera con vista sul lago è pronta, il tavolo nella sala da pranzo panoramica apparecchiato. Si nota subito che Stella è un'impresa a conduzione familiare, un connubio tra posizione privilegiata e profondo concetto di ospitalità. René Schürpf, il proprietario, riceve personalmente i clienti non appena possibile, mostrando loro le particolarità del posto. Come ad esempio la grande terrazza, dove rilassarsi anche dopo il tramonto. Oppure le camere dotate di parquet, in parte con allestimento design. Il punto di incontro degli ospiti durante la giornata è il giardino con piscina riscaldata. La sera ci si ritrova al ristorante. Gli gnocchi e le crespelle fatte in casa o le famose melanzane alla romana, il piatto di melanzane più appetitoso di tutta Orselina, sono già annoverati tra i classici locali.

HOTEL UND
RESTAURANT STELLA

Via al Parco 14
CH-6644 Orselina/Locarno
Telefon 0041(0)91/743 66 81

info@hotelstella.ch
www.hotelstella.ch

SPRACHEN LERNEN MIT ERFOLG
IMPARARE LE LINGUE CON SUCCESSO

GLOSSA SAGL

Via Muraccio 61/a
CH-6612 Ascona
Tel. 0041 (0) 91 / 7 92 17 55

lingue@glossa.ch
www.glossa.ch

Chi ha detto che imparare non è divertente? La scuola di lingue Glossa è la perfetta dimostrazione del contrario. Che si tratti di ticinesi d'adozione alle prime armi con l'italiano, di un apprendista professionale che vuole parlare tedesco o di globe-trotter che aspirano al portoghese o all'inglese, l'istituto fondato e diretto da Dragana Kojic Maltecca si è ormai fatto un nome. Nel 2017 la scuola festeggia il suo 25esimo anniversario ma non smette di perfezionare costantemente il proprio concetto didattico.
"Andiamo con i nostri studenti nei luoghi in cui si impara o migliora la lingua", spiega la direttrice. A questo scopo è stata acquistata una fantastica villa in Calabria, così da unire in un ambiente idilliaco l'utile e il dilettevole. Una o due settimane di corso di lingua sul posto fanno miracoli e giovano alla domanda. Molti clienti optano per un abbonamento e ritornano regolarmente alla Glossa anche per vivere di persona la cultura e la tradizione. Glossa è molto più che una semplice scuola di lingue.

Wer sagt denn, dass Lernen nicht Spass machen kann? In der Sprachschule Glossa jedenfalls beweist man das Gegenteil. Ganz egal, ob der Tessin-Neuling Italienisch sprechen möchte, der Lehrling Deutsch, der Weltreisende Portugiesisch oder Englisch: Die von Dragana Kojic Maltecca gegründete und geleitete Schule hat sich einen Namen gemacht. 2017 feiert sie das 25-jährige Jubiläum, ist immer bestrebt, das didaktische Konzept zu verfeinern.
„Wir fahren mit unseren Schülern einfach dorthin, wo sie Sprachen lernen oder vertiefen können", sagt die Direktorin. Eine herrliche Villa in Kalabrien wurde dazu erworben, um hier in idyllischer Umgebung das Angenehme mit dem Nützlichen zu verbinden. Eine, zwei Wochen Sprachunterricht an Ort und Stelle wirken Wunder und schaffen Nachfrage. Viele Kunden lösen ein Abonnement und kommen immer wieder in die Glossa, auch um Kultur und Tradition eines Landes zu erlernen. Glossa ist mehr als nur eine Sprachschule!

STEINE, WASSER, BERGE: IM VALLE VERZASCA GEHT ES IDYLLISCH UND RUHIG ZU
SASSI, ACQUA, MONTAGNE: LA VAL VERZASCA È IDILLIACA E TRANQUILLA

QUEREINSTEIGER MIT TATENDRANG
PERCORSO ATIPICO E TANTO IMPEGNO

Stefan Buess ist keiner, der einfach nur hinter dem Schreibtisch hockt – obwohl er Experte für Digitalisierung ist. Der Deutschschweizer war immer einer, der mit den Menschen redete: mit seinen Kunden im Bereich der Unternehmensberatung oder mit denen, die sich im Grotto al Ritrovo verwöhnen lassen, die ein Zimmer in seinem Hotel buchen. Weil er viel unterwegs war in der Welt, kennt er die Gastronomie von allen Seiten. „Ich liebe Restaurants", sagt Stefan Buess. Nach seinem ersten Besuch im Grotto al Ritrovo hat er sich in das Restaurant verliebt und bereits nach kurzer Zeit seiner heutigen Frau Anja, die das Grotto schon seit einigen Jahren führte, unter die Arme gegriffen. Weil er einen weiten Blick hat, gab sich der Unternehmer nicht mit dem Selbstverständlichen zufrieden, und gemeinsam wurde das Grotto umgebaut, die Gerichte wurden modernisiert und die Vermarktung online vorangetrieben. Wovon sich die Kunden in Ascona oder hoch über Locarno überzeugen können.

Pur essendo un esperto di digitalizzazione, Stefan Buess non è tipo da restare dietro a una scrivania. Questo svizzero tedesco è sempre stato uno che parla con la gente: con i suoi clienti nel settore delle consulenze aziendali, con quelli che si godono la vita al Grotto al Ritrovo o con chi prenota una camera nel suo hotel. Avendo viaggiato in tutto il mondo, conosce ogni aspetto del settore gastronomico. "Adoro i ristoranti", dice Stefan Buess. In occasione della sua prima visita al Grotto al Ritrovo si è innamorato subito del ristorante e poco tempo dopo ha iniziato ad aiutare Anja, che sarebbe poi diventata sua moglie e gestiva già da anni il Grotto. Essendo uno uomo dai grandi obiettivi, l'imprenditore non si è accontentato della normalità. La coppia ha infatti trasformato il Grotto, modernizzato i piatti proposti e promosso online l'offerta. I clienti potranno convincersene di persona ad Ascona o lassù, sopra a Locarno.

AUSSICHT MIT ZUSATZEFFEKTEN
PANORAMA CON EFFETTI COLLATERALI

GROTTO AL RITROVO

Val Resa
CH-6645 Brione s/Minusio
Tel. 0041 (0) 91 / 743 55 95

info@ritrovo.ch
www.ritrovo.ch

Man muss sich einfach verlieben in ein Objekt wie dieses. Urige Beizen, im Tessin als Grotti bezeichnet, gibt es zwar viele, doch kaum ein anderes bietet dem Gast eine solche Aussicht. 700 Meter hoch über dem Lago di Maggiore, Locarno zu Füssen: Unter den Lokalen der Region nimmt das Grotto al Ritrovo eine Sonderstellung ein. Doch was heisst Lokal? Es handelt sich nicht um ein einfaches Grotto, sondern um ein ambitioniertes Ristorante mit Tessiner Frischeküche. Ganz egal, ob die Gäste mit dem Auto kommen, zu Fuss den Berg hinaufwandern oder sich mit dem Taxi bringen lassen: Sie wählen von der Tafel mit den Tagesgerichten, freuen sich auf hausgemachte Pasta, die gern mit Olivenöl, frischen Kräutern oder Ricotta veredelt wird, fragen nach den Fisch- und Fleischempfehlungen. Bevor es ans Dessert geht, darf ein Tessiner Merlot nicht fehlen. Das Grotto al Ritrovo ist nicht nur seiner Aussicht, sondern auch seiner Weinauswahl wegen berühmt!

Non si può fare altro che innamorarsi di posti come questo. Di grotti, locali rustici ticinesi, ne esistono molti ma nessun altro offre agli ospiti una vista paragonabile: 700 metri di altezza sul Lago Maggiore e Locarno ai suoi piedi. Tra i locali della regione, il Grotto al Ritrovo è qualcosa di particolare. Ma che locale? Non è un semplice grotto, è un ristorante dalle grandi ambizioni che propone piatti freschi ticinesi. Che gli ospiti arrivino con la macchina, salgano la montagna a piedi o si lascino condurre dal taxi, sceglieranno dalla lavagna i piatti del giorno, gusteranno la pasta fatta in casa, arricchita con olio d'oliva, erbe aromatiche fresche o ricotta e si informeranno sulle proposte di pesce o carne. E prima di passare al dessert, non potrà mancare un buon bicchiere di Merlot ticinese. Il Grotto al Ritrovo non è noto solo per la vista panoramica ma anche per la sua scelta di vini.

LEBEN, WOHNEN & GENIESSEN | ABITARE, VIVERE & APPREZZARE

INDIVIDUALITÄT FÜR DIE NACHT
INDIVIDUALITÀ PER LA NOTTE

Es sind die kleinen Dinge, auf die es ankommt – gerade in der anspruchsvollen Hotellerie. Die hausgemachte Konfitüre etwa, die das Frühstücksbuffet im Boutiquehotel Albergo Mirador aufwertet, oder die nach Auftrag des Hauses vom ortsansässigen Bäcker hergestellten Backwaren. Individuell ist auch der Check-in, bei dem der Kunde über die Vorzüge des Hauses informiert wird. Die Bezeichnung Boutiquehotel trifft ins Schwarze, denn alle Zimmer des Hotels wurden 2017 renoviert und individuell eingerichtet; neben 20 komfortablen Einzel- und Doppelzimmern stehen zwei grosszügige Suiten zur Verfügung. Im Preis inklusive sind die einzigartige Lage, unweit vom Lago Maggiore, und die Schönheit von Ascona samt seinen Promenaden. Es bietet sich an, die romantische Altstadt sowie die Einkaufs- und Sportmöglichkeiten zu entdecken. Wer zum Essen nicht ins Grotto al Ritrovo fahren möchte, wird an ausgewählten Tagen mit hausgemachten Aperitivo-Köstlichkeiten im Hotel verwöhnt.

Sono le piccole cose che fanno la differenza, soprattutto se si tratta di alberghi di alto livello. Come le marmellate fatte in casa che arricchiscono il buffet di colazione del Boutique Hotel Albergo Mirador. O le specialità sfornate dal panettiere locale e commissionate appositamente dalla casa. Personalizzato è anche il check-in, dove i clienti ricevono le informazioni sulle proposte della casa. La definizione di boutique hotel calza a pennello, perché tutte le camere sono state rinnovate e arredate individualmente nel 2017; oltre a 20 confortevoli camere singole e doppie, sono disponibili anche due suite spaziose. Nel prezzo sono incluse la posizione unica, direttamente sul Lago Maggiore, e la bellezza di Ascona e delle sue passeggiate. Da qui è facile scoprire il romantico centro storico o le proposte per lo shopping e lo sport. Chi non desidera andare a mangiare fino al Grotto al Ritrovo, potrà coccolarsi in hotel con le prelibatezze di casa proposte con l'aperitivo e preparate in giornate speciali.

BOUTIQUEHOTEL
ALBERGO MIRADOR

Via Lido 28
CH-6612 Ascona
Tel. 0041 (0) 91 / 791 16 66

info@albergomirador.ch
www.albergomirador.ch

LEBEN, WOHNEN & GENIESSEN | ABITARE, VIVERE & APPREZZARE

DER MONTE VERITÀ SPIELT EINE BEDEUTENDE ROLLE FÜR DAS TESSINER SELBSTVERSTÄNDNIS
IL MONTE VERITÀ HA NATURALMENTE UN RUOLO IMPORTANTE PER I TICINESI

MEDITERRANES FLAIR IST AN ALLEN ECKEN UND ENDEN ZU SPÜREN
LO STILE MEDITERRANEO È AD OGNI ANGOLO

FERIEN FÜR JETZT ODER FÜR IMMER
VACANZE ADESSO O PER SEMPRE

Die begehrtesten Zimmer liegen nach vorne zum See, besitzen Ausblick auf die Berge und die Möglichkeit, das Frühstück vor atemberaubender Kulisse einzunehmen. Was die namhaften Hotels von Locarno und Losone, von Ascona und Lugano so einzigartig macht, ist die Kombination aus mediterranem Klima und Bergkulisse. Tatsächlich ist das Tessin ja zu einem erheblichen Teil eine vom Auf und Ab geprägte Region, die bis ins Hochgebirge reicht. Ausflüge ins Gotthardmassiv verlangen entsprechende Vorbereitung, die Touren ins Verzascatal oder in eines der anderen abgelegenen Täler des Kantons sind in der Regel einfacher zu planen und durchzuführen. Hinaus in Richtung Italien, nicht am See entlang, sondern quer durch die unzähligen Pfade des Centovalli, der Region der hundert Täler: Solche Touren gehören zu den Attraktionen, die den Urlaub oder das Leben im Tessin so besonders machen.

Tatsächlich ist das Tessin ausgezeichnet erschlossen, selbst in die entlegensten Winkel fahren Busse oder Bahnen. Natürlich auch auf den Monte Verità, den Berg der Wahrheit bei Locarno. Schon zu Beginn des 20. Jahrhunderts übte dieser Ort, der von einheimischen eher spöttisch als Hügel bezeichnet wird, als Treffpunkt von Schriftstellern, Exilanten und Intellektuellen eine magische Anziehungskraft aus. Nach wie vor kann man oben auf dem Wahrheitshügel die Nacht verbringen oder wieder nach unten wandern. Das Angebot an Dienstleistungen ist gross, nicht nur der Fahrradverleih, Restaurants und Hotels sind für den Ankommenden da, auch das Angebot an Wellness und Beauty ist über-

Le camere più richieste si trovano direttamente sul lago, offrono una vista sulle montagne e la possibilità di fare colazione in una cornice naturale mozzafiato. Una peculiarità dei rinomati hotel di Locarno e Losone, di Ascona e Lugano, è la combinazione tra clima mediterraneo e paesaggio montano. In effetti, il Ticino è una regione ricca di dislivelli e offre persino l'alta montagna. Le gite sul massiccio del Gottardo richiedono una rispettiva preparazione, mentre le escursioni in Val Verzasca o nelle altri valli recondite del Cantone sono in genere più semplici da programmare ed eseguire. Come in direzione dell'Italia ad esempio, non lungo il lago ma sugli innumerevoli sentieri di Centovalli, la regione che di valli ne ha praticamente tante quanto indica il nome. Queste escursioni appartengono alle attrazioni che rendono così particolare la vacanza e la vita in Ticino.

Non è certo un caso che il Ticino offra un'infrastruttura d'eccellenza e che anche nei suoi angoli

Zeit hat man in den Gassen der Tessiner Städte: Apéro oder Cappuccino?
Nelle viuzze delle città ticinesi il tempo scorre più lento: aperitivo o cappuccino?

LEBEN, WOHNEN & GENIESSEN | ABITARE, VIVERE & APPREZZARE

Auf dem Monte Tamaro ist die Aussicht grandios
Dal Monte Tamaro si gode di una vista grandiosa

durchschnittlich. Nicht zu vergessen die architektonischen Attraktionen von Mario Botta, dem wohl berühmtesten Tessiner Architekten: Die Kirche Santa Maria degli Angeli auf dem Monte Tamaro ist unübersehbar.

Und sollte sich jemand so ins Tessin verliebt haben, dass er für immer bleiben möchte, muss er nur einen der vielen renommierten Immobilienveranstalter kontaktieren. Spezialisten fürs Homestaging, für die Wohnungseinrichtung oder die Anlage von Pools, die Gestaltung von Gärten oder den Einbau von Kaminen sind vorhanden, sogar die Vermittlung des flüssigsten Italienisch wird von Experten übernommen. Und sollte sich jemand doch mal wieder verabschieden müssen aus seiner neuen Heimat, für ein paar Tage, Wochen oder Monate, kümmern sich fleissige und zuverlässige Heinzelmännchen um Pflanzen, Wäsche und Haustiere. Damit der gelebte Traum weitergehen kann.

Abenteuer am Verzasca-Staudamm
Un'avventura alla diga della Verzasca

più reconditi viaggino bus o treni. Lo stesso vale anche per il Monte Verità presso Locarno. Sin dall'inizio del XX secolo, questo luogo, deriso come collina dagli abitanti locali, è un punto di incontro di particolare attrazione per scrittori, esiliati e intellettuali. In cima al Monte Verità si pernotta ancora oggi o si fa partire la discesa a piedi del pendio. L'offerta di servizi è vasta. I viaggiatori non hanno solo a disposizione noleggio di biciclette, ristoranti e hotel: anche le proposte wellness e beauty sono superiori alla media. Da non dimenticare sono le attrazioni architettoniche di Mario Botta, il più famoso architetto ticinese: la chiesa di Santa Maria degli Angeli sul Monte Tamaro non può passare inosservata.

E se qualcuno si innamorasse del Ticino fino a desiderare di abitarci per sempre, dovrà soltanto contattare una delle tante rinomate agenzie immobiliari. Ce n'è per ogni esigenza: specialisti di Home Staging, Interior Design, impianti piscine, allestimento giardini o costruzione di camini. Anche l'apprendimento dell'italiano è questione di esperti. E quando è il caso di lasciare il nuovo domicilio per un paio di giorni, settimane o mesi, degli operosi e affidabili folletti domestici si occupano delle piante, della biancheria e degli animali. Perché il sogno continui senza interruzioni.

Ideal für Ausflüge: das Verzascatal
Val Verzasca: ideale per una gita

KUNST IST IM TESSIN ALLGEGENWÄRTIG IN GALERIEN ODER PRIVATEN GÄRTEN
L'ARTE È OVUNQUE IN TICINO, NELLE GALLERIE E NEI GIARDINI PRIVATI

LIFESTYLE AN DER PIAZZA
LIFE STYLE IN PIAZZA

PAPA JOE'S RESTAURANT
Piazza G. Motta 15
CH-6612 Ascona
Tel. 0041 (0) 91 / 7 91 15 14

papajoes.ascona@gastrag.ch
www.papajoes.ch

HOTEL NEW ELVEZIA
Piazza G. Motta 15
CH-6612 Ascona
Tel. 0041 (0) 91 / 7 91 15 14

hotelnewelvezia@gastrag.ch
www.newelvezia.ch

Noch vor dem Frühstück einen Blick auf den See riskieren? Die Schönheit von Ascona und des Lago Maggiore bewundern? Wer das erleben will, muss sich bloss in einem Hotel einmieten, das wie kein zweites den modernen Lifestyle-Charakter des Tessins betont. Vor gut 20 Jahren hat Papa Joe in Basel sein erstes Lokal eröffnet und seitdem erfindet er sich immer wieder aufs Neue. Mit seinem unverwechselbaren Mix aus American-South-Western-Style und karibischen Traditionen wurde er ebenso in anderen Teilen der Schweiz populär – auch in Ascona.
Honey Ribs, Fajitas und Burger wie „The Big One" werden allerdings mit mediterran anmutenden Salaten kombiniert, im Anschluss an fruchtige Cocktails darf man auch einen Tessiner Merlot verkosten – und muss dann bis zum Hotelzimmer keinen langen Weg zurücklegen. 2016 wurde das New Elvezia komplett renoviert und verfügt nun über Zimmer, die zumeist grandiose Seesicht bieten und stilvolle Eleganz mit Individualität verbinden.

Uno sguardo al lago prima di colazione? Gustare la bellezza di Ascona e del Lago Maggiore? Chi lo desidera, deve assolutamente risiedere in un hotel che, come nessun altro, sottolinea il tipico carattere dello stile di vita ticinese. Papa Joe ha aperto il suo primo locale a Basilea più di 20 anni fa e da allora continua a reinventarsi. Grazie al suo inconfondibile mix tra stile americano south-western e tradizione caraibica è diventato famoso anche in altre regioni della Svizzera, come anche qui ad Ascona.
Honey ribs, fajitas e hamburger come il "The Big One" vengono però combinati a invitanti insalate mediterranee. E dopo i cocktail fruttati, si può passare anche a un Merlot ticinese, senza preoccuparsi di dover fare molta strada per raggiungere l'hotel. Nel 2016 è stato completamente rinnovato il New Elvezia che offre ora stanze con una grandiosa vista sul lago, ricche di stile e individualità.

AUF DEM HAUSBERG VON LOCARNO
SUL MONTE DI LOCARNO

Auf der Cardarda, dem Hausberg und Skigebiet von Locarno auf 1300 Meter Höhe, ist die Welt autofrei, sonnig und im Sommer längst nicht so heiss wie in Locarno. Dazu geniesst man eine atemberaubende Sicht über das Alpental mit der Magadinoebene und dem Maggiadelta bis kurz hinter die Brissago-Inseln.

Hier laden zwei Gourmet-Meister ins Hotel Colmanicchio ein: Regina und Alex Stocker, die 2015 für ihr erneuertes Konzept nach dem Umbau zu den Preisträgern von „Best of Swiss Gastro" gehörten.

„Wir legen grossen Wert auf ein saisongerechtes Angebot, das die regionalen und biologischen Produkte für Fleisch- und Fischesser und Vegetarier berücksichtigt. Hausgemachte Teigwaren, Tessiner Spezialitäten und Kräuter aus dem Hausgarten gehören dazu ebenso wie selbst gebackene Kuchen oder Torten, erlesene Weine aus der Gegend oder das frische Cardadawasser!", verrät Regina Stocker, die bereits heimlich am eigenen Kochbuch schreibt.

*S**ul Cardarda, il monte e la zona sciistica di Locarno, a 1300 metri d'altezza, il mondo non conosce macchine, è baciato dal sole e in estate non è mai cosi caldo come a Locarno. In più si gode di un panorama mozzafiato sulla vallata alpina con il Piano di Magadino, il delta del Maggia, fino ad arrivare poco dopo le Isole di Brissago.*

Proprio qui, due maestri del gourmet vi accolgono nell'Hotel Comanicchio: Regina e Alex Stocker che, dopo la ristrutturazione, hanno ottenuto nel 2015 il premio di "Best of Swiss Gastro" per il loro nuovo concetto.

"Conferiamo particolare importanza all'offerta stagionale e ai prodotti regionali e biologici, sia per carnivori che per gli amanti del pesce e i vegetariani. Pasta fatta in casa, specialità ticinesi ed erbe aromatiche del nostro giardino appartengono all'offerta proprio come i dolci o le torte fatte a mano, i vini regionali scelti o l'acqua fresca del Cardada!", svela Regina Stocker, che sta già scrivendo in segreto il suo libro di cucina.

LEBEN, WOHNEN & GENIESSEN | ABITARE, VIVERE & APPREZZARE

Das romantische, rustikale und ländliche Hotel wurde 2012 von den Stockers liebevoll umgebaut. Es ist auf den letzten Metern nur zu Fuss oder aber mit der attraktiven Gondel-Seilbahn von Locarno aus in fünf Minuten erreichbar. Die Stockers begegneten der ursprünglichen Architektur und Bauweise des fast 70-jährigen Gebäudes sanft und respektvoll und nutzten dabei naturbelassene Materialien sowie modernste ökologische Techniken: So liefern Sonnenkollektoren und ein Cheminée die Energie für Wasser und Heizung, denn auch im Schneezauber romantischer Wintertage soll es kuschelig warm sein.

Auch für spektakuläre Events ist das Colmanicchio bekannt: Im September gibt es zum Jazzfestival eine Liveband zu erleben und das berühmte „Hummer-Essen" im Oktober. Und wenn es nach Regina Stocker ginge, würde auf dem Berg vor dem Haus auch noch eine Operette aufgeführt. Treten Sie ein und lassen Sie sich verwöhnen von zwei Gastwirten der besonderen Art!

Il romantico hotel dal carattere rustico e campagnolo è stato ristrutturato dagli Stocker con grande amore nel 2012. È raggiungibile a piedi o in 5 minuti con la bella funivia a gondole in partenza da Locarno. Gli Stocker si sono approcciati con delicatezza e rispetto all'architettura e alla struttura originarie dell'edificio quasi settantenne, utilizzando materiali naturali e le tecniche ecologiche più moderne: i collettori solari e il caminetto producono l'energia per l'acqua e il riscaldamento, perché è bello starsene al calduccio anche nell'idillio dei giorni di neve.

Il Comanicchio è famoso anche per gli eventi spettacolari: in settembre si può assistere alla performance di una band dal vivo in occasione del festival del jazz. In ottobre c'è il famoso "Hummer-Essen", il menu a base di astice. E se dipendesse da Regina Stocker, sulla montagna verrebbe anche rappresentata un'operetta.

Entrate e lasciatevi deliziare da due ospiti particolari!

ALBERGO COLMANICCHIO

Regina und Alex Stocker
6600 Cardada / Locarno
Tel. 0041 (0) 91 / 7 51 18 25
Mobil 0041 (0) 79 / 2 04 77 21

info@colmanicchio.ch
www.colmanicchio.ch

Bergkräuterbutter

200 g weiche Butter, frisch von der Alp

150 g Kräuter vom Garten: Majoran, Estragon, Liebstöckel, Ysop-Blüten, Ringelblumenblüten, Duftrosenblätter, Blüten vom Thymian

1 Prise Salz

1 Eigelb

Valle Maggia Pfeffer

Butter weichrühren, die Kräuter und Blüten kleinschneiden, zufügen

Eigelb darunter rühren

Alles abschmecken mit Salz und Pfeffer

INDIVIDUALITÄT ALS PRINZIP
PRINCIPIO FONDAMENTALE: INDIVIDUALITÀ

Viel erinnert nicht mehr an das einstige Kurhaus, an die einfache Pension, die bereits zu Beginn des vergangenen Jahrhunderts Gäste empfing. Doch Luca Foster und sein Team haben ganze Arbeit geleistet. Wer Erfolg haben, sich gegen die Konkurrenz im Übernachtungssektor durchsetzen will, darf sich nicht mit dem Üblichen zufriedengeben. Im Verlauf der letzten eineinhalb Jahrzehnte wurde also renoviert, immer wieder, mit aller Konsequenz. „Aus einem älteren Gebäude haben wir durch erhebliche Investitionen ein modernes Ferienhotel gemacht", sagt Hotelchef Foster, der gern Understatement predigt. „Besser ein sehr gutes Dreisternehotel als ein mittleres Viersterne-Haus", sagt der Chef, der bis zu 40 Mitarbeiter zu Höchstleistungen motiviert. Viele von ihnen sind schon seit etlichen Jahren im Team, alle haben die Philosophie des Hauses verinnerlicht. Freundlichkeit ist das Grundprinzip, die Wünsche der Gäste werden erraten, bevor sie ausgesprochen sind. Kleine Aufmerksamkeiten gehören ebenso zur Selbstverständlichkeit wie Ratschläge für Wanderungen, Bergtouren oder Museumsbesuche. Und

***N**on molto ricorda più la vecchia casa di cura e la semplice pensione che riceveva i suoi ospiti già all'inizio del secolo scorso. Luca Foster e il suo team hanno fatto un grande lavoro. Chi vuole avere successo e affermarsi tra la concorrenza del settore alberghiero, non può accontentarsi di una prestazione nella media. Nel corso di un decennio e mezzo si è continuato a rinnovare costantemente con un concetto ben preciso. "Con grandi investimenti abbiamo fatto di un vecchio edificio un hotel di villeggiatura moderno", dice il principale dell'hotel di villeggiatura Foster, un sostenitore dell'understatement. "È meglio un eccellente tre stelle che un quattro stelle mediocre", sostiene il titolare che sprona ogni giorno fino a 40 dipendenti a dare il massimo. Molti di loro lavorano già da anni in questo team. Tutti hanno fatto propria la filosofia di casa. Il principio fondamentale è la gentilezza e*

HOTEL COLLINETTA

Strada Collinetta 115
CH-6612 Ascona
Tel. 0041 (0) 91 / 791 19 31

info@collinetta.ch
www.collinetta.ch

wer nicht im Haus essen will, erhält Adressen für die empfehlenswertesten Restaurants der Umgebung. Doch eigentlich gibt es nicht viele Gründe, das Collinetta zu verlassen. 14 000 Quadratmeter umfasst das Grundstück, bietet ungetrübten Blick auf den Lago Maggiore und eine palmengeschmückte Terrasse. Rechnet man dann noch die hausgemachten Spezialitäten des Küchenteams hinzu, den populären Ossobuco, die vor Ort hergestellten Gnocchi oder den sorgfältig ausgewählten Merlot heimischer Produzenten, ist die Idylle perfekt. Eine übrigens, die nicht nur im Sommer Gäste aus vielen Ländern nach Ascona lockt, sondern auch im Winter: Das Collinetta hat, eine Ausnahme im Tessin, ganzjährig geöffnet. Erfolgreich, denn wer einmal im Dezember oder Januar die hiesige Idylle erlebt hat, kommt häufig im Sommer wieder.

i desideri dei clienti vengono intuiti ancor prima di essere espressi. Altrettanto evidenti sono i piccoli riguardi verso gli ospiti, come anche i consigli per le escursioni, i giri in montagna o le visite dei musei. Chi preferisce pranzare fuori casa, riceve sempre gli indirizzi dei migliori ristoranti della zona. Ma a dire il vero, non ci sono poi tanti motivi per abbandonare il Collinetta. 14.000 metri quadrati di terreno con una vista indisturbata sul Lago Maggiore e una terrazza adorna di palme. Se poi si pensa alle specialità della cucina di casa, al popolare ossobuco, agli gnocchi fatti a mano o al Merlot selezionato con cura tra i produttori locali, l'incanto è perfetto. La sua magia non è solo estiva. Molti visitatori da tanti paesi diversi arrivano ad Ascona anche in inverno. E il Collinetta è un'eccezione in Ticino, perché resta aperto tutto l'anno. A ragione, perché chi gusta qui l'idillio locale a dicembre o gennaio, ritorna spesso anche in estate.

LEBEN, WOHNEN & GENIESSEN | ABITARE, VIVERE & APPREZZARE

WEHMUT KOMMT BEI DIESEM BLICK AUFS TESSINER SEEPANORAMA GARANTIERT AUF
UN PANORAMA LACUSTRE TICINESE CHE METTE UN PO' DI NOSTALGIA A CHI LO OSSERVA

ADRESSEN *INDICE DEGLI INDIRIZZI*

APOTHEKE *FARMACIA*

FARMACIA NUOVA   96
Via Borgo 20
CH-6612 Ascona
Tel. 0041 (0) 91 / 7 91 16 12
farmacianuova@ticino.com

ARCHITEKTUR *ARCHITETTURA*

BAZIALLI + ASSOCIATI SAGL   44
STUDIO DI ARCHITETTURA
Via A. Franzoni 37
CH-6600 Locarno
Tel. 0041 (0) 91 / 7 43 72 51
info@bazialli.ch
www.bazialli.ch

RH HOFER ARCHITETTURA SAGL   50
Via R. Leoncavallo 12
CH-6614 Brissago
Tel. 0041 (0) 91 / 7 93 00 13
rh@hoferarchitettura.ch
www.hoferarchitettura.ch

FREIZEIT *TEMPO LIBERO*

AUTO CHIESA SA   62
Via Cantonale 38
CH-6595 Riazzino
Tel. 0041 (0) 91 / 8 50 50 10
info@autochiesa.ch
www.autochiesa.ch

CHIESA BUS SA
Via Cantonale 38
CH-6595 Riazzino
Tel. 0041 (0) 91 / 8 50 50 14
info@chiesabus.ch
www.chiesabus.ch

BIKE CICLI CHIANDUSSI   90
Via Muraccio 6
CH-6612 Ascona
Tel. 0041 (0) 91 / 7 80 55 42
chiandussibike@tidata.net
www.chiandussibike.ch

CANTIERE NAUTICO BRUSA   32
Via al Pizzante 11
CH-6595 Riazzino-Locarno
Tel. 0041 (0) 91 / 7 92 19 46
info@nauticabrusa.ch
www.nauticabrusa.ch

GLOSSA SAGL   112
Via Muraccio 61/a
CH-6612 Ascona
Tel. 0041 (0) 91 / 7 92 17 55
lingue@glossa.ch
www.glossa.ch

GARTEN *GIARDINAGGIO*

CAROL GIARDINI SA   66
GARTENGESTALTUNG
UND UNTERHALT
Via ai Grotti 7
CH-6652 Ponte Brolla
Tel. 0041 (0) 91 / 7 96 21 25
info@carol-giardini.ch
www.carol-giardini.ch

HACKER GIARDINI   70
& GARDEN CENTER
Via alle Brere 3
CH-6598 Tenero
Tel. 0041 (0) 91 / 7 93 16 51
info.hackergiardini@gmail.com
www.hackergiardini.ch

LEBEN, WOHNEN & GENIESSEN | ABITARE, VIVERE & APPREZZARE

IL VIVAIO 74
SCHMIDT ROBERTO & PARTNERS
Via Porbetto 40
CH-6614 Brissago
Tel. 0041 (0) 91 / 793 42 05
Tel. 0041 (0) 79 / 6 21 62 50

HANDWERK *ARTIGIANI*

ASCO-FER SA 60
Via Delta 12
CH-6612 Ascona
Tel. 0041 (0) 91 / 791 24 89
info@asco-fer.ch
www.asco-fer.ch

BRUSA F.LLI SA 38
Via Vallemaggia 21
CH-6600 Locarno
Tel. 0041 (0) 91 / 751 47 82
info@brusapiastrelle.ch
www.brusapiastrelle.ch

D'ANGELO SA 76
Via Mappo 13
CH-6598 Tenero
Tel. 0041 (0) 91 / 751 56 78
info@dangelo-sa.ch
www.dangelo-sa.ch

FRANCESCO PASINELLI SA 36
Via Varenna 94
CH-6604 Locarno
Tel. 0041 (0) 91 / 751 77 55
info@pasinelli.ch
www.pasinelli.ch

HEGGLIN & CO. SA 52
Via Zandone 11
CH-6616 Losone
Tel. 0041 (0) 91 / 791 28 30
hegglin.co@bluewin.ch
www.camini.ch

Viale Monte Verità 23
CH-6612 Ascona
Tel. 0041 (0) 91 / 2 10 22 01

RÖTHLISBERGER CAMINI SAGL.
Via Zandone 11
CH-6616 Losone
Tel. 0041 (0) 91 / 751 45 40
info@camini.ch
www.camini.ch

ZIN SAGL 82
Via Mappo 5
CH-6598 Tenero
Tel. 0041 (0) 91 / 745 23 08
info@zin.ch
www.zin.ch

HOTELS *HOTEL*

ALBERGO COLMANICCHIO 130
Regina und Alex Stocker
6600 Cardada / Locarno
Tel. 0041 (0) 91 / 751 18 25
Mobil 0041 (0) 79 / 2 04 77 21
info@colmanicchio.ch
www.colmanicchio.ch

BOUTIQUE-HOTEL LA ROCCA****   40
Via Ronco 61
CH-6622 Ronco sopra Ascona
Tel. 0041(0)91/7851144
hotel@la-rocca.ch
www.la-rocca.ch

BOUTIQUE HOTEL   120
ALBERGO MIRADOR
Via Lido 28
CH-6612 Ascona
Tel. 0041(0)91/7911666
info@albergomirador.ch
www.albergomirador.ch

HOTEL COLLINETTA   134
Strada Collinetta 115
CH-6612 Ascona
Tel. 0041(0)91/7911931
info@collinetta.ch
www.collinetta.ch

HOTEL LA TURETA   106
Piazza Grande 43
CH-6512 Giubiasco
Tel. 0041(0)91/8574040
hotel@latureta.ch
www.latureta.ch

HOTEL NEW ELVEZIA   128
Piazza G. Motta 15
CH-6612 Ascona
Tel. 0041(0)91/7911514
hotelnewelvezia@gastrag.ch
www.newelvezia.ch

HOTEL UND RESTAURANT STELLA   110
Via al Parco 14
CH-6644 Orselina/Locarno
Telefon 0041(0)91/7436681
info@hotelstella.ch
www.hotelstella.ch

IMMOBILIEN *IMMOBILIARI*

WETAG CONSULTING   16
IMMOBILIARE SA
Via della Pace 1a
CH-6600 Locarno
Tel. 0041(0)91/6010440
info@wetag.ch
www.wetag.ch
www.journal.wetag.ch

WETAG LUGANO
Riva Antonio Caccia 3
CH-6900 Lugano
Tel. 0041(0)91/6010450

WETAG ASCONA
Via B. Berno 10
CH-6612 Ascona
Tel. 0041(0)91/7912920

RESTAURANTS *RISTORANTI*

GROTTO AL RITROVO   118
Val Resa
CH-6645 Brione s/Minusio
Tel. 0041(0)91/7435595
info@ritrovo.ch
www.ritrovo.ch

PAPA JOE'S RESTAURANT   128
Piazza G. Motta 15
CH-6612 Ascona
Tel. 0041(0)91/7911514
papajoes.ascona@gastrag.ch
www.papajoes.ch

LEBEN, WOHNEN & GENIESSEN | ABITARE, VIVERE & APPREZZARE

RUND UMS HAUS
TUTTO PER LA CASA

ACQUALIFE RELAX & WELLNESS 76
Via Mappo 13
CH-6598 Tenero
Tel. 0041 (0) 91 / 7 30 90 90
info@acqualife.ch
www.acqualife.ch

FERIEN- & HAUSMANAGEMENT KNUTTI 48
Via Borgo 10
CH-6612 Ascona
Tel. 0041 (0) 79 / 4 40 99 54
und 0041 (0) 79 / 2 31 75 90
stephan.knutti@bluewin.ch
www.hausmanagement.ch
www.ferien-immobilien-tessin.ch

SUPERIOR HOMESTAGING 22
Simona Palermo
Via Schelcie 20
CH-6612 Ascona
Tel. 0041 (0) 91 / 7 91 16 81
simona@superiorhomestaging.ch
www.superiorhomestaging.ch

WELLNESS, BEAUTY & ENTSPANNUNG
WELLNESS, BEAUTY, RELAX

AQUA SPA RESORTS SA 80
TERME & SPA
TERMALI SALINI & SPA
Via G. Respini 7
CH-6600 Locarno
Tel. 0041 (0) 91 / 7 86 96 96
info@termali-salini.ch
www.termali-salini.ch

BEAUTY CLUB ESTETICA 98
Via dei Pioppi 2a
CH-6616 Losone
Tel. 0041 (0) 91 / 7 51 28 36
info@beautyclubestetica.ch
www.beautyclubestetica.ch

TIBETAN HEALTH CENTER 92
Via Piazza 2
CH-6614 Brissago
Tel. 0041 (0) 79 / 2 65 90 00
Tel. 0041 (0) 79 / 2 35 70 00
tibetanhealthcenter@bluewin.ch

LEBEN, WOHNEN & GENIESSEN | ABITARE, VIVERE & APPREZZARE

IMPRESSUM *NOTE LEGALI*

© 2017 Neuer Umschau Buchverlag GmbH, Neustadt an der Weinstraße

Alle Rechte der Verbreitung in deutscher Sprache, auch durch Film, Funk, Fernsehen, fotomechanische Wiedergabe, Tonträger jeder Art, auszugsweisen Nachdruck oder Einspeicherung und Rückgewinnung in Datenverarbeitungsanlagen aller Art, sind vorbehalten.

Tutti i diritti di diffusione in lingua tedesca riservati, ivi compresi film, radio, televisione, riproduzione fotomeccanica, supporti audio di ogni sorta, ristampe o memorizzazioni anche parziali ed elaborazione dati di ogni tipo.

RECHERCHE *RICERCA*

Ingrid Weißbach, Berlin *Berlino*

TEXT *TESTO*

Klaus-Werner Peters, Zürich

Klaus-Werner Peters ist Journalist, stammt aus der Nähe von Düsseldorf und schreibt über alles, was in der Schweiz erlebenswert ist. Für dieses Buch hat er mehrfach das Tessin besucht, das er schon von vielen Urlaubsreisen kennt.

Klaus-Werner Peters, giornalista originario della zona di Düsseldorf, scrive su tutto quello che vale la pena scoprire in Svizzera. Per questo libro ha visitato più volte il Canton Ticino che conosceva già dalle numerose vacanze trascorse qui in passato.

Ingrid Weißbach, Berlin *Berlino* (Seite *pagina* 41-42, 67-68, 74-75, 131-132)

FOTOGRAFIE *FOTOGRAFIA*

Daniel Attia, Düsseldorf, www.attia-fotografie.com

Daniel Attia lebt in Düsseldorf und arbeitet als freiberuflicher Fotograf für Agenturen und Verlage. Fotografie bedeutet für ihn beobachten, sichtbar machen. In einem Menschen, einer Landschaft das Wesentliche zu entdecken, ist für ihn ein immer wieder neuer, einzigartiger Moment.

Daniel Attia vive a Düsseldorf e lavora per agenzie e case editrici come fotografo indipendente. Fotografare significa per lui osservare e rendere visibile. Scoprire l'essenza di una persona o di un paesaggio è per lui un momento sempre unico e nuovo.

PROJEKTMANAGEMENT, GESTALTUNG & PRODUKTION
MANAGEMENT, IMPAGINAZIONE E PRODUZIONE

Kaisers Ideenreich, Rhodt unter Rietburg
www.kaisers-ideenreich.de

KORREKTORAT DEUTSCH
CORRETTORE DI BOZZE PER IL TEDESCO

Andreas Lenz, Heidelberg
www.lektorat-lenz.de

ÜBERSETZUNGEN, KORREKTORAT ITALIENISCH
TRADUZIONI, CORRETTORE DI BOZZE PER L'ITALIANO

Carla Oddi, Düsseldorf
www.carla-oddi.com

KARTE *CARTINA*

Thorsten Trantow, Herbolzheim
www.trantow-atelier.de

DRUCK UND VERARBEITUNG *STAMPA E LEGATORIA*

NINO Druck GmbH, Neustadt an der Weinstraße
www.ninodruck.de

Printed in Germany

ISBN 978-3-86528-939-1

Die Ratschläge und Empfehlungen in diesem Buch wurden von den Autoren und dem Verlag sorgfältig erwogen und geprüft, dennoch kann eine Garantie nicht übernommen werden. Eine Haftung der Autoren und des Verlags für Personen-, Sach- und Vermögensschäden ist ausgeschlossen.

I consigli e le suggestioni contenuti in questo libro sono stati valutati e controllati con cura dagli autori, tuttavia non ci si assume alcuna garanzia a riguardo. Si esclude ogni responsabilità civile degli autori e dalla casa editrice per danni a persone, danni materiali e danni patrimoniali.

Wir bedanken uns für die freundlicherweise zur Verfügung gestellten Fotos bei:

Si ringraziano per le fotografie messe cortesemente a disposizione:
Wetag Consulting (Seite *pagina* 16, 18-21), Superior Homestaging (Seite *pagina* 27, 28 links *sinistra*), Boutique-Hotel La Rocca (Seite *pagina* 40), Carol Giardini (Seite *pagina* 68 rechts und Mitte *destra e centro*), Roberto Schmidt (Seite *pagina* 74, 75), Beauty Club Estetica (Seite *pagina* 98 links oben *in alto a sinistra*), Hotel La Tureta (Seite *pagina* 106, 108 unten *sotto*, 109)

Besuchen Sie uns im Internet:
Visitate il nostro sito:
www.umschau-verlag.de